LA VOZ SÍ QUE IMPORTA

Isabel Villagar

LA VOZ
SÍ QUE
IMPORTA

Aprende a usarla fácilmente para comunicar
con éxito en presentaciones, entrevistas,
reuniones y demás aspectos de tu vida

 Empresa Activa

Argentina – Chile – Colombia – España
Estados Unidos – México – Perú – Uruguay

Copyright © 2018 *by* Isabel Villagar
All Rights Reserved
© 2018 *by* Ediciones Urano, S.A.U.
Plaza de los Reyes Magos 8, piso 1.º C y D – 28007 Madrid
www.empresaactiva.com
www.edicionesurano.com

ISBN: 978-84-92921-95-9
E-ISBN: 978-84-17312-45-9
Depósito legal: B-19.280-2018

Fotocomposición: Ediciones Urano, S.A.U.
Impreso por: Rodesa, S.A. – Polígono Industrial San Miguel – Parcelas E7-E8
31132 Villatuerta (Navarra)

Impreso en España – *Printed in Spain*

Índice

Segunda parte:
Las dimensiones de la voz

Tercera parte:
La voz como elemento para destacarte

Prólogo

Tengo el placer de prologar esta potente obra que tienes en tus manos, lector curioso. Se trata de una herramienta poderosa, insisto, que llevará tu comunicación a un nivel estratosférico.

¿Por qué digo esto? Porque la mayoría de los libros sobre la temática de hablar en público y comunicación, además de muchos de oratoria, soslayan la cuestión de la importancia de la voz. Pareciera que uno nace con una voz y ya no pudiera hacer nada por mejorarla.

La gran aportación de Isabel Villagar es considerar el trabajo integral en la comunicación desde los tres planos o esferas del funcionamiento de la voz: el funcionamiento neuromuscular, las emociones y la parte más «mental» del discurso o el dominio del idioma. Unir en un solo libro las tres facetas es innovador y, sin duda, pionero en la materia.

En una entrevista radiofónica escuché a su autora decir que si todos nos aseábamos antes de salir a la calle, también deberíamos «poner la voz guapa». Es nuestra carta de presentación fundamental a la hora de expresarnos y relacionarnos con los demás.

Si se invita a «mejorar la voz», a «embellecerla», a «ponerla en su punto» es porque no solo es posible (aunque socialmente se crea lo contrario por desconocimiento de cómo hacerlo o de sus grandes beneficios), sino también deseable.

Numerosos estudios científicos han comprobado que en la comunicación efectiva la voz supone un gran porcentaje del impacto y del éxito de la misma. De poco sirve tener un discurso perfectamente preparado si es «servido» con defectos en el habla o con una voz manifiestamente monótona, inexpresiva o insulsa.

En este libro se hallan todas las claves para descubrir, mejorar y potenciar al máximo la voz hablada. Algo también muy importante para quienes realizan un uso profesional de la voz, es decir, la utilizan de manera intensiva más de cuatro horas al día. Por tanto, este libro será igualmente útil a aquellos cuya profesión se basa en la voz: actores, locutores, profesores, oradores, médicos, abogados, conferenciantes, telefonistas, comerciales, políticos, entrenadores deportivos, presentadores y un largo etcétera.

Espero que devores este libro, que tan necesario era en el mercado, y que triunfes en tu profesión mejorando tu comunicación y tu voz a través de los múltiples consejos y ejercicios prácticos que encontrarás en esta obra.

Amparo García
Catedrática emérita de Administración de Empresas

Primera parte:
Por qué la voz sí que importa

LA VOZ EN EL DÍA A DÍA

María tenía que explicar a sus compañeros de trabajo los resultados del proyecto del que había sido responsable; algunos aspectos no habían funcionado como esperaban y no sabía si los jefes querrían continuar con ello. Cuando tomó la palabra, sintió que se le secaba la boca y su respiración se agitaba. Explicó con objetividad los resultados, pero su voz sonó tensa y un poco temblorosa. Eso hizo que no consiguiera transmitir la confianza necesaria, por lo que los jefes tomaron la decisión de no seguir adelante con el proyecto.

Seguramente, el lector se identificará con esta situación tan habitual. Pasa cada día que la voz traiciona en momentos claves del desarrollo profesional de una persona y no hace justicia a la valía y al desempeño.

Saber por qué sucede esto requiere remontarse a aquellos momentos en los que el ser humano desarrolló la capacidad de hablar por una cuestión de supervivencia de la especie y como una amplificación de la comunicación emocional y gestual. El uso de la voz acompaña a todas las personas desde que nacen. Ella es la responsable de transmitir un mensaje y unas emociones que siempre están presentes con más o menos intensidad, pero invariablemente subyacentes a cada mensaje. Tener la capacidad de adaptar la voz, el cuerpo, las emociones y los mensajes a las exigencias que se producen en cada momento es fundamental para un desarrollo personal y profesional, así como para una convivencia saludable en cualquier circunstancia social.

En la primera parte de este libro el lector descubrirá el funcionamiento y los mecanismos físicos y emocionales que influyen en la voz. En los capítulos 2 y 3 podrá aprender ejercicios sencillos para cuidar la voz y lograr una comunicación infalible y sana. Aun cuando la primera parte pueda ser un poco más densa por ser más teórica, nos ha parecido importante que el lector la conozca antes de pasar a realizar los ejercicios prácticos.

Porque aun sin ser conscientes de ello, las personas estamos continuamente afrontando retos y problemas de dificultad diversa en multitud de contextos cotidianos en los que la voz tiene una gran importancia. Por ejemplo, un director que ha de comunicar telefónicamente a una madre que su hijo ha tenido un accidente en el colegio; un médico que debe informar tras unas pruebas médicas a un paciente; un profesor que ha de enfrentarse a un grupo de adolescentes conflictivos, un vendedor que tiene unos objetivos de venta mensuales, etc. En todos estos casos se produce un estímulo, ya sea interno o externo, que afecta o altera el equilibrio físico, intelectual o emocional, lo que provoca en nuestro cuerpo una reacción para restablecerlo por diferentes caminos. Si la persona encuentra los recursos para restablecer el equilibrio, el impacto de ese estímulo se reducirá y la persona superará el estrés ocasionado, lo que producirá una adaptación y un aprendizaje orgánicos.

Asimismo, cuando alguien se enfrenta a un reto que exige la utilización de la voz de manera profesional, como dar clases, conferencias, tener una entrevista, realizar una tarea asistencial (en el caso de médicos, psicólogos o abogados), o estar en contacto constante con los clientes (teleoperadores, dependientes o comerciales)..., se producirá necesariamente un desequilibrio en su función vocal tras el que pueden pasar dos cosas: que disponga de los recursos necesarios para restablecerlo o que no los posea. Si tiene recursos y estrategias para reequilibrar su función vocal, tendrá lugar un aprendizaje adaptativo. En el caso de no disponerlos, someterá al cuerpo a un estrés continuado tal, que es posible que le lleve a desarrollar alguna enfermedad relacionada con el uso indebido de la voz.

Esto quiere decir que en la medida en que las personas tienen la suficiente flexibilidad física y mental para adaptarse a la realidad cambiante y son capaces de ajustar sus respuestas a los estímulos del entorno desarrollarán una vida plena. Evolutivamente, aquellas personas que se adaptan y aprenden con facilidad tienen mayores opciones en términos de supervivencia. Personalmente, me maravillan los deportistas de los Juegos Paralímpicos, porque son un claro ejemplo de superación y de resiliencia, de no conformarse y superar internamente el «no puedo». La vida nos demuestra cada día que el espíritu de mejora y superación humana no tienen límites, es algo que nos ha hecho evolucionar como especie. Se podría decir que estamos diseñados biológicamente para mantener un equilibrio que garantice la supervivencia.

Adaptación de la voz a las necesidades del momento

Beatriz empezó a trabajar con una gran ilusión y entusiasmo en un instituto de secundaria como profesora de matemáticas. Había estado el último año estudiando las oposiciones sin prácticamente usar su voz debido a las largas horas transcurridas en la biblioteca. El curso había empezado muy bien, pero tras varias semanas de trabajo intenso comenzó a notar que le costaba llegar al viernes con la voz fresca. Durante el fin de semana parecía que se recuperaba, pero semana tras semana le pasaba lo mismo. Al poco tiempo notó que su voz era más grave y que tenía que hacer más esfuerzo en las clases. Cada vez se sentía más frustrada y su ilusión se había mermado por sus dificultades vocales. Uno de sus compañeros le habló de un curso de educación vocal y decidió asistir. Allí comprendió que estaba haciendo un uso profesional de su voz y que no tenía la preparación vocal necesaria, así que eso le hizo sentir un gran alivio. Entonces, empezó a entrenar su voz cada día con ejercicios y a seguir unas pautas para el cuidado de la voz, y en poco tiempo estaba preparada para ejercer su profesión y disfrutar de ella.

Cuando la persona se enfrenta, como Beatriz, a una mayor demanda en el uso de la voz y no es consciente de su funcionamiento, es muy posible que su equilibrio (físico, funcional, mental y emocional) se altere y se ponga en marcha un mecanismo biológico para obtener los recursos necesarios para recuperarlo. Se trata de lo que se conoce como el «síndrome general de adaptación» y tiene tres fases:

- En la primera, la **fase de alarma,** todo el cuerpo se activa y se pone en una situación de alerta que se manifiesta en una reacción de parálisis o huida. En el caso de Beatriz, se produjo al empezar a dar clases en el instituto con una mayor demanda física, mental y emocional, pero también puede darse cuando a una persona le proponen dar una conferencia o un discurso, hacer una presentación para un equipo de trabajo, inversores o socios. En todos estos casos, el cuerpo y la mente de la persona realizan una rápida evaluación a nivel interno sobre si podrá o no hacerlo y de manera subconsciente decide si es capaz o no de llevarlo a cabo.

- La segunda es la **fase de resistencia,** aquella en que la persona se adapta y supera la adversidad. Si dispone de recursos (físicos, emocionales e intelectuales) para dar la conferencia, clase o presentación, dirá que sí y sentirá un cierto estrés beneficioso (eutrés) que le permitirá enfrentarse a la situación. Si no dispone de ellos, se negará; y si no puede negarse, sus niveles de estrés se elevarán hasta que encuentre la manera de llevar a cabo la tarea, pedirá ayuda, buscará la manera de hacerlo bien, pedirá consejo, ensayará, etc. En el caso de Beatriz esta fase discurrió desde que comentó sus dificultades, hizo un curso y aprendió a cuidar su voz. Cuando la persona resuelve satisfactoriamente la situación, se puede decir que se ha adaptado al estímulo y ese estrés que ha sufrido ha sido beneficioso. Si no la resuelve, en la siguiente ocasión que se tenga que enfrentar al mismo reto se volverá a activar este mecanismo, provocando de nuevo estrés y además incrementando pensamientos saboteadores en cuanto al desarrollo de la actividad. Es el caso de cientos de profesionales que no adquieren las competencias básicas y el conocimiento necesario para cuidar su instrumento de trabajo, que es su voz.

- La tercera es la **fase de agotamiento** y se produce cuando el estímulo se repite y la persona agota sus recursos de adaptación aumentando los niveles de estrés perjudicial (distrés), de manera que enferma. Cuando se produce un sobreesfuerzo en el uso de la voz, si la persona no puede descansar o no sabe cómo fortalecer la musculatura responsable del funcionamiento de la voz, puede llegar a enfermar. En el caso de que Beatriz no hubiera recibido la preparación y la información que le permitió restablecer el equilibrio psicofísico, lo más probable es que hubiera acabado desarrollando una patología vocal. En otros casos, si la situación de tener que hablar en público se repite sistemáticamente y la persona no sabe cómo resolverla satisfactoriamente y aun así debe enfrentarse a ella, puede llegar a padecer un miedo escénico que le impida desarrollar la tarea con solvencia y eficacia o que simplemente evite situaciones que le expongan a semejante estrés.

Entre la segunda y la tercera fase está la clave del aprendizaje. Es la zona en la que la persona puede desarrollar su potencial y mejorar, de manera que sus habilidades le permitan enfrentarse al reto en cuestión.

Cuando se saben detectar y superar las dos primeras fases, los estímulos generarán aprendizaje, crecimiento, evolución personal y felicidad. La persona se acostumbrará a manejar el eutrés, el estrés bueno, que activa y mejora la existencia, y estará motivada para adaptarse a las diferentes circunstancias. En cambio, si la persona desoye las señales de su cuerpo, su mente o sus emociones, a la larga correrá el riesgo de sufrir un desequilibrio mayor en el que se pondrá en riesgo su salud, su trabajo y su felicidad, y todo esto se pondrá de manifiesto en la evitación de la situación que le provoca el malestar. El estrés, por tanto, debería ser una señal de que necesitamos aprender algo más y la persona no debería conformarse o asumir ese malestar como normal. El ser humano, como se ha mencionado anteriormente, tiene una capacidad infinita de superación, de aprendizaje y de adaptarse a los cambios, está en nuestra naturaleza más profunda.

La voz en la comunicación

Mucho se ha hablado de la importancia de la voz en la comunicación, numerosos manuales sobre hablar en público, estudios científicos y la propia experiencia de los profesionales así lo demuestran; sin embargo, la mayoría de las personas asume que su voz no es susceptible de ser mejorada.

En infinidad de ocasiones me he encontrado con gente que decía: «tengo una voz fea, chillona y de pito» o «no me gusta cuando me oigo» o «es que mi voz suena así y ya está»..., y en esas frases había cierto tono de resignación, como asumiendo que era algo que no podían cambiar; sin embargo, cuando han entendido que esto no tenía por qué ser así y se han puesto manos a la obra, han conseguido resultados maravillosos.

Si bien es cierto que cada persona posee una genética que le confiere una constitución muscular y ósea y desarrolla unos determinados rasgos de personalidad particular, es preciso diferenciar entre los límites anatómicos y los límites funcionales, o lo que es lo mismo, diferenciar aquello que está condicionado por la naturaleza de lo que se puede aprender.

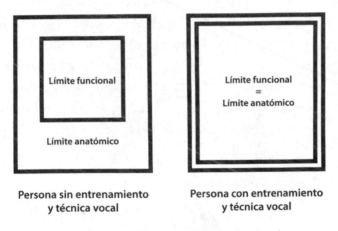

Persona sin entrenamiento
y técnica vocal

Persona con entrenamiento
y técnica vocal

Ilustración 1. Límite anatómico y funcional.

Se podría decir que la mayoría de personas realiza un uso de su voz que se encuentra muy por debajo de sus límites anatómicos por razones diversas. Volvamos al caso de los deportistas paralímpicos. Está claro que tienen un límite anatómico, en cambio, desarrollan su límite funcional hasta equipararlo con su límite anatómico. Ese debería ser el objetivo de todo aquel que haga un uso profesional de su voz: llevar su límite funcional a su límite anatómico.

Este libro ayudará al lector a incrementar los límites funcionales a través del aprendizaje.

Volvamos a la importancia de la voz en la comunicación porque es imprescindible entender que hablamos y comunicamos con todo el cuerpo. En la voz influyen e interactúan diversos aspectos o planos: el **plano físico**, referido al funcionamiento neuromuscular de la voz y de los gestos; el **plano emocional,** debido a la impronta de las emociones y de la personalidad en la voz, pues la energía sonora está íntimamente vinculada a nuestro mundo emocional y siempre existe un contenido emocional en cualquier mensaje verbal y no verbal; y el **plano mental,** en cuanto a la comprensión del lenguaje y del discurso.

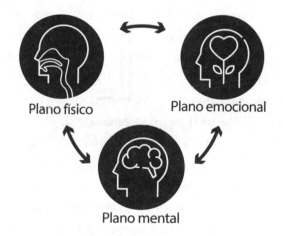

Plano físico   Plano emocional

Plano mental

Ilustración 2. Los distintos planos que influyen en la voz.

Diversos estudios atribuyen al uso de la voz y del lenguaje no verbal, es decir, el uso del cuerpo mientras se produce la comunicación, una importancia de hasta un 90% sobre la efectividad del proceso. Esto quiere decir que la manera en la que decimos algo es más importante en sí que el contenido, si queremos llegar a los demás y que la información sea retenida por el interlocutor. De esto podemos concluir que si se aprende a mejorar y cuidar la voz y el uso del cuerpo, estaremos en el camino de ofrecer una comunicación efectiva e infalible.

Las similitudes entre el deporte y el funcionamiento de la voz son grandes. Al fin y al cabo, ambas son actividades neuromusculares realizadas por personas en un determinado contexto y con una finalidad. Lejos están ya las concepciones de que un entrenamiento deportivo consiste solamente en entrenar los músculos de manera repetitiva. Los deportistas deben ampliar su conocimiento en cuanto a las técnicas y tácticas del propio deporte y deben adquirir recursos que les permitan mantener la concentración, la motivación y un equilibrio emocional saludable.

Análogamente, en la comunicación podemos mejorar el plano físico desarrollando la coordinación que requiere un buen uso de la voz, porque su base está en el aprendizaje neuromuscular, al igual que en cualquier actividad física. Aprender a realizar o mejorar un buen gesto vocal es cuestión de técnica. Cuando se conoce cómo funciona la voz y se practican regularmente una serie de ejercicios, la voz mejora y ese gesto vocal se llega a automatizar, con lo que aumenta el nivel de consciencia sobre su uso y, de manera instantánea, se es capaz de adaptarla a las diferentes circunstancias.

El ser humano necesita desarrollar un control motor flexible y orgánico de la voz, sin añadir un exceso de tensión al sistema, que le permita afrontar el mundo diverso y cambiante en el que vive. Es decir, debe ser capaz de autorregularse para adaptarse a un sinfín de situaciones que se producen a lo largo del día, como pueden ser: dar instrucciones a un empleado, animar a un amigo, felicitar a los hijos por sus logros, contar un cuento, vender un producto, tratar con los clientes, etc. Aprender una correcta técnica vocal es el primer paso.

La voz siempre lleva una carga emocional implícita, es algo que evolutivamente hemos desarrollado como especie. Las emociones se manifiestan en la voz modificando la intensidad, el tono, el timbre o la duración de las frases. Por ello, con respecto al plano emocional, el autoconocimiento y el incremento de las competencias emocionales ayudarán a la persona a conectar su voz con sus emociones y permitirán equilibrar este plano que tanta importancia tiene en el buen uso de la voz.

En cuanto a la interacción con los demás, el autocontrol y la empatía son esenciales para una comunicación efectiva. En la medida en que la persona aumente su capacidad de autocontrol, será capaz de regular sus emociones, escuchar asertivamente y responder de la manera más adecuada. La empatía permite adaptarse a las circunstancias e interpretar los mensajes sutiles que emite el interlocutor (tono de la voz, mirada, gestos).

En el deporte, conocer las reglas del juego, las tácticas y estrategias sería comparable al conocimiento del uso del lenguaje: idioma, intención del mensaje, estructura del discurso, etc. No basta con saber chutar bien el balón o tener una musculatura fuerte si no se sabe en qué momento o circunstancia ha de ser empleada. En el caso de la comunicación, si la persona domina el idioma (reglas del juego) y además aplica una metodología (tácticas) para elaborar los mensajes, los tres planos en los que está involucrada la voz, la tríada se habrá cerrado satisfactoriamente.

Hace un siglo los problemas bucodentales de la población eran mucho más graves que los existentes hoy en día. Como sociedad hemos asumido que estos se solucionan en gran medida enseñando y cultivando una higiene bucodental diaria desde la infancia. Es importante también realizar una reflexión sobre aquellos hábitos que previenen problemas vocales porque, a diferencia de lo que ocurre con la salud de nuestros dientes, en lo que respecta a la voz aún no hemos asumido socialmente que una buena educación vocal puede prevenir muchos problemas futuros y, por tanto, ahorrar al sistema de salud mucho dinero en bajas médicas.

Son muchas las profesiones que requieren de esta formación vocal preventiva: docentes, actores, cantantes, empresarios, comerciales, telefonistas, vendedores, abogados, médicos... Y esto no es solo en cuanto a la preservación de la salud del profesional, sino también en cuanto a la efectividad de su desempeño. El uso intensivo de su voz demanda un incremento de su competencia vocal y comunicativa, ya que pueden ver comprometido su medio de vida ante un desequilibrio en el sistema psicofísico. Por lo tanto, estos profesionales son los que más deberían tomar en serio el ampliar su conocimiento y competencia vocal.

Por otro lado, los empresarios que tienen trabajadores que realizan un uso vocal intensivo (comerciales, telefonistas, docentes, etc.) deberían reflexionar sobre la necesidad de formar en materia de voz a sus empleados para evitar bajas y mejorar su productividad, y sería muy conveniente que incluyeran en sus planes de prevención de riesgos laborales este tipo de cursos.

Es fundamental que los profesionales de la voz aprendan a detectar cuándo se produce un desequilibrio en alguno de los planos que afectan al funcionamiento de la voz, y dónde y cómo pueden adquirir herramientas y recursos que les permitan mejorarlos por sí mismos o con la ayuda de un profesional cualificado. Al igual que sucede con el deporte cuando el entrenamiento está supervisado y pautado por un entrenador los resultados son mejores y más rápidos. En mi larga trayectoria como educadora vocal he podido observar también que una interacción individual (sesiones individuales con un educador vocal o vocal coach) acelera los resultados, puesto que se pauta un plan de entrenamiento y un seguimiento en función de las carencias concretas de la persona.

LA VOZ Y EL CEREBRO

Gracias a los estudios neurobiológicos, hoy en día conocemos cada vez más y mejor cómo funciona nuestro cerebro y cómo aprendemos, qué conexiones hay entre las diferentes partes y de qué manera se procesa la información. Estos hallazgos tienen una gran influencia en la mejora del funcionamiento de nuestra voz y del conjunto de las habilidades comunicativas en general.

Para empezar, se sabe que el aprendizaje no solo se produce en la mente, sino a través del movimiento del cuerpo y de las emociones. El movimiento ofrece información al cerebro, ayudando a desarrollar el mapa corporal, la conciencia espacial y el esquema corporal en relación a uno mismo y al entorno. Cuando un niño nace, las distintas regiones del cerebro están en funcionamiento, pero no están completamente conectadas. Para conectarlas y favorecer el funcionamiento saludable del cerebro se requiere movimiento, primero espontáneo y reflexivo y posteriormente voluntario. Sin esa fase de descubrimiento que permite ampliar las posibilidades físicas y motoras de la persona no es posible realizar posteriormente un movimiento voluntario dirigido. Si observamos a los niños cuando nacen, veremos que su instinto de supervivencia los lleva a moverse y a explorar el entorno; primero a través de grandes movimientos de sus extremidades (motricidad gruesa) y conforme crecen, con mayor precisión (motricidad fina). En la medida en que desarrollamos esos movimientos finos, que requieren mayor control muscular, así como la autopercepción de dichos movimientos, se mejoran los procesos de aprendizaje.

También se sabe que las emociones son el pegamento de aquello que se aprende; si existe un contexto emocional seguro y positivo, el aprendizaje se produce de manera más consistente. Como mamíferos tendemos a buscar el placer y a alejarnos del displacer o de aquello que nos incomoda. Aquellas actividades que nos producen emociones positivas generan la necesidad de repetición. Si se desarrolla una relación positiva con el hecho de hablar en público, repetirlo hará sentir bien a la persona y cada vez lo hará mejor y disfrutará más. Sería ideal que esta relación positiva con la habilidad de hablar delante de otras personas se desarrollara en la infancia, al igual que sucede con hábitos saludables como hacer deporte o tomar fruta y verdura.

Para entender el funcionamiento de la voz desde el punto de vista cerebral es preciso entender que el cerebro posee tres grandes regiones desde el punto de vista filogenético: el cerebro reptiliano, el cerebro emocional o límbico y el cerebro racional o neocórtex. Estos tres estratos están íntimamente relacionados con nuestra evolución como especie. Además, el cerebro madura con el tiempo estableciendo mayores conexiones entre estos tres niveles.

• **El cerebro reptiliano** es la parte más primitiva y es el encargado de activar los mecanismos instintivos y de supervivencia. Está formado por el tronco del encéfalo y el cerebelo. Es el responsable del latido del corazón, del control de la respiración vital, de la sensación de apetito, de frío o calor. Se activa ante situaciones que pueden afectar a nuestra supervivencia y reacciona con dos respuestas: la lucha o la huida. Es una respuesta rápida que no evalúa las consecuencias de la acción.

El cerebelo aprende haciendo, moviéndose. La práctica mejora la actuación, ya que las conexiones neuronales, una vez establecidas se repiten y se fortalecen, y también las neuronas se adaptan a la función para que los procesos aprendidos sean más eficientes. Esta parte del cerebro juega un papel importante en la destreza manual y en los movimientos de la boca, esenciales para desarrollar una correcta articulación del lenguaje.

El ser humano es capaz de reír, llorar, gritar, gemir, suspirar y emitir diferentes tipos de sonidos que le liberan de tensiones y sobre todo acompañan, en cualquier cultura, situaciones que comprometen la supervivencia; en tales momentos, el cerebro se prepara para implicar todo el cuerpo, incluida la voz, de una manera inconsciente.

Recuerdo que, tras un atentado, una chica envió un mensaje de audio a su madre con el objetivo de tranquilizarla y comunicarle que estaba bien. Si alguien que no conociera la lengua escuchara aquel mensaje, lo último que haría sería tranquilizarse porque la voz de la chica sonaba agitada, preocupada, pues estaba presa de un gran estrés emocional y su falta de control vocal era manifiesta. Es en esos momentos de gran impacto emocional, cuando la voz está «secuestrada» por el instinto de supervivencia y se llena de emoción con el fin de pedir ayuda y alertar a los semejantes de un peligro. Los investigadores incluso han estudiado las voces de los pilotos de avión registradas en las cajas negras antes de un accidente y han observado diferencias sustanciales en ellas antes de saber que se iban a estrellar y después, al ser conscientes de ello. También se puede observar este secuestro de la voz en las ferias o los parques de atracciones, en los gritos incontrolados y espontáneos de las atracciones de caída libre o en las montañas rusas.

- **El cerebro emocional** o límbico, también conocido como «mamífero» es el siguiente estrato fruto de la evolución. Es el responsable de las respuestas emocionales y se encarga de detectar si un estímulo es agradable o desagradable. Se activa para evitar sensaciones desagradables y para perseguir aquellas agradables. Esas sensaciones se asocian a un estado emocional positivo o negativo, que le darán información esencial para su desarrollo. Como es lógico tiene una función en la supervivencia como especie. Tendemos a alejarnos de olores desagradables que provocan asco, del dolor de aquello que produce miedo y, en general, de todo lo que no nos hace sentir bien. El ser humano está programado genéticamente para expresar emociones a través de la voz, es innato. Hay una parte de la voz controlada por esta región del cerebro, es una voz mamífera. Es el grito de alegría al ganar la lotería, es la voz apesadumbrada al recibir una mala noticia y es la voz emocionada de unos novios al darse el sí quiero. Esta voz mamífera es poderosa, es la que ayuda a conectar emocionalmente a las personas. Es la que hace que el trabajo de un actor sea creíble y nos haga meternos en la historia que la obra de teatro o la película narran.

Como especie estamos programados para poder detectar el estado emocional del interlocutor (tristeza, alegría, desesperación, inquietud, inseguridad, etc.) al margen del mensaje. Un buen ejercicio es, por ejemplo, si estamos en un país en el que no conocemos el idioma y nos invitan a comer, identificar los estados emocionales de los comensales. O si nos llama un familiar, tratar de detectar en su voz si está triste, alegre, preocupado, relajado... La voz siempre transmite un contenido emocional, por lo tanto, este plano es esencial para mejorar los procesos comunicativos porque a mayor capacidad perceptiva, mejores ajustes haremos a la hora de interaccionar con los demás.

Es posible mejorar el plano emocional. Por tanto, cuando una persona conoce, aprende a expresar y acepta como necesarias todo tipo de emociones, su universo emocional se enriquece y es capaz de transferir esos impulsos a través de su voz. Es más, sin un trabajo consciente de las emociones se puede tener una técnica vocal perfecta y un conocimiento excelso del lenguaje, pero la voz puede sonar inexpresiva, monótona y anodina porque no hay implicación o intención emocional.

La conclusión a eso es que es preciso ampliar el conocimiento emocional de las personas, para que la voz pueda expresar todo el abanico de emociones de manera fluida. Este hecho ofrece, por tanto, un camino de ida y vuelta, es decir, se pueden modificar algunos de los parámetros de la voz para mejorar el estado emocional desde el plano físico y se puede mejorar la voz incrementando la inteligencia emocional.

Se han estudiado las características de la voz en función de un determinado estado emocional: neutro, miedo, alegría, enfado. Las emociones provocan una variabilidad en el tono, intensidad y timbre característicos. En mi experiencia como educadora vocal he podido constatar que cuando se trabaja desde el plano físico, se consiguen liberar los bloqueos musculares que afectan a la voz, y esto produce un efecto de mayor control, bienestar y seguridad en la persona, que ve incrementada su autoestima y autoconfianza, y en otros casos, es el trabajo emocional y su expresión a través de la voz lo que permite aumentar el abanico de posibilidades vocales a nivel físico.

* **El cerebro racional** es la parte más reciente en cuanto a la evolución de nuestra especie y, por tanto, la más superficial, la más cercana al hueso del cráneo y está

formado por el neocórtex. Esta parte del cerebro es responsable de todas las habilidades que nos distinguen de otros animales, entre las que se encuentran: tener conciencia de nosotros mismos, tomar decisiones basadas en un pensamiento lógico, imaginar, proyectarnos en el futuro, tener un control consciente del cuerpo y, sobre todo, comunicarnos. El lenguaje y la capacidad de emitir sonidos controlados y definidos es una conquista humana.

La parte más racional de la voz está controlada por el neocórtex. En él se produce el control del idioma y el lenguaje, así como el uso de la voz eficiente acorde con el contexto social, es decir, la capacidad de emplear adecuadamente un idioma utilizando el lenguaje con una determinada intención en un contexto concreto. Es la parte implicada en hacer una frase específica y una construcción sintáctica, de emplear un vocabulario concreto, etc.

La elaboración de mensajes lingüísticos cada vez más complejos tiene que ver con el conocimiento del idioma y con la madurez física e intelectual de la persona. Y aquí interviene la capacidad de realizar conexiones neuronales a nivel del neocórtex, que se establecen y maduran en función de la práctica. Esto no solo afecta al qué decir, qué frases emplear o qué idioma, lo cual sería el nivel micro (gramática, léxico, sintaxis...), sino también tiene mucho que ver con el conocimiento a nivel macro, es decir, qué estructura y qué objetivo se persigue con el discurso.

Para ejercitar el nivel cortical se recomienda, entre otras cosas, la lectura en voz alta y sobre temáticas diversas para ampliar el vocabulario, analizar diferentes tipos de discursos y registros del lenguaje (no hablan igual los periodistas de los informativos que los humoristas o los políticos).

Por otro lado, cada idioma posee una melodía concreta, así podemos diferenciar a un francés de un árabe o de un italiano sin necesidad de conocer la lengua o, lo que es lo mismo, podemos reconocer diferentes procedencias culturales según la melodía del idioma y así distinguir al castellano del andaluz, de un gallego o de un colombiano.

Los estudiantes de idiomas poco a poco adquieren consciencia sobre todas estas dimensiones cuando aprenden un idioma nuevo y lo hacen cuando analizan los fonemas, la sintaxis, el vocabulario, las expresiones, etc. de su propia lengua, para poder establecer una analogía con la nueva lengua.

En definitiva, si la persona sabe qué quiere decir y cómo, podrá emplear recursos técnicos, emocionales y lingüísticos, y perfeccionarlos para lograr sus objetivos. Por tanto, es posible ampliar el conocimiento sobre la voz y aumentar la competencia vocal mejorando la dimensión física (la parte neuromuscular), la dimensión emocional o la dimensión lingüística.

Voz, percepción y retroalimentación

El cerebro capta la información por diferentes vías de manera constante: los sentidos, el cuerpo, la palabra, las emociones, los gestos y el movimiento. Cuando una persona camina por la calle, su cerebro está procesando simultáneamente infinidad de estímulos: los ruidos de los coches, el semáforo en verde que le da paso, el quiosquero que vende periódicos y anuncia una exclusiva, un niño llorando, una persona llamando a un taxi, un perro en busca de una farola, e incluso es capaz de esquivar a un transeúnte despistado.

Nuestro cerebro es capaz, además, de detectar patrones o esquemas y de recurrir a ellos cuando los necesita para hacer comparaciones o establecer analogías. Esa persona puede saber que siempre que pasa por ese mismo lugar el quiosquero anima a los que se acercan al quiosco, la farola siempre tiene orín de perro y el semáforo siempre tarda una eternidad en ponerse en verde para los peatones. El cerebro selecciona, prioriza, procesa información y genera respuestas motoras, consolida conocimiento, genera nuevos conocimientos y, sobre todo, intenta ahorrar energía. Esa es la razón por la que cuando hacemos el mismo trayecto diario suceda que un día que estamos más cansados perdamos la consciencia de la ruta que hemos seguido. El cerebro recurre a los automatismos para ahorrar energía.

Se puede entender la comunicación como un proceso en el que se produce una retroalimentación constante y en el que, en función de la pericia y competencia del orador, se hacen los ajustes necesarios para adaptarse al contexto.

El profesor que percibe que sus alumnos empiezan a mirar el reloj y a bostezar debería ser capaz de darse cuenta de que la atención ha decaído y que sería conveniente cambiar de actividad para reconducir la atención. O quizás analizar si su voz se ha tornado más monótona y, si siente que empieza a sentir picor en la garganta, es posible que deba centrar su atención en el sistema neuromuscular prestando más atención a su respiración, a abrir la boca o a beber un poco de agua para hidratarse... El comunicador debería tener la pericia suficiente para analizar y procesar la información que recibe de su cuerpo y del contexto y tomar las decisiones que le permitan liderar la comunicación.

La retroalimentación de la información sensorial sobre el desarrollo de los resultados de la acción es una condición necesaria para el aprendizaje funcional de cualquier actividad.

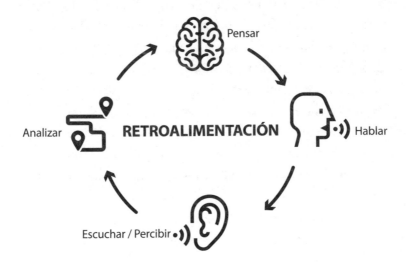

Pensar

Analizar   RETROALIMENTACIÓN   Hablar

Escuchar / Percibir

Ilustración 3. La retroalimentación.

La retroalimentación en la comunicación funciona de la siguiente manera: se produce un pensamiento, una necesidad de transmitir una idea, se habla y la propia persona se escucha lo que acaba de decir. Prácticamente de manera simultánea analiza su voz, sus palabras y el impacto que tienen en la audiencia. Y el ciclo se repite realizando ajustes en el proceso. El comunicador experto es capaz de hacer ajustes más precisos y de manera más rápida y eso mejora a su vez sus habilidades.

El deportista necesita saber sus marcas para poder conocer los progresos. En el caso de la capacidad de hablar en público se produce una mejora sustancial cuando el orador escucha su voz grabada o se ve en un vídeo y es capaz de percibir de manera objetiva y selectiva sus errores; en definitiva, cuando aumenta su capacidad perceptiva y selectiva sobre la acción, cuando es capaz de apreciar cambios sutiles en su manera de comunicar, de percibir su propio cuerpo, de interpretar la información que le da la audiencia, etc.

Si aumenta su pericia perceptiva y aprende a regular los diferentes sistemas que nutren de información su cerebro, será capaz de mejorar la capacidad de autorregulación en la comunicación en el mismo momento en el que se produce y no *a posteriori*.

Y ¿cómo se puede mejorar esta capacidad de autorregulación? En primer lugar, hay que saber que la información es captada por diferentes vías. El ser humano puede recibir, discriminar y procesar estímulos a través de varios sistemas perceptivos y el cerebro necesita de todos ellos para hacer la regulación motriz completa.

Estos son:

- **El sistema visual** regula las diferencias de luz, los colores y las formas. En la comunicación es esencial la regulación del sistema visual para mejorar la interacción

con la audiencia y para interpretar las expresiones faciales y el lenguaje del cuerpo. Un orador miope tendrá serios problemas para conectar con la audiencia e
interaccionar con ella, es muy recomendable usar ga-
fas o lentillas para no prescindir de este tipo de información. Si se presta atención a la retransmisión de los
monólogos se observará que las luces de la sala nunca
están completamente apagadas y esto es porque el hu-
morista necesita captar las reacciones del público. En
cambio, en una obra de teatro sí lo están, con el objetivo de centrar la atención del espectador en la obra y
para ayudar a los actores a abstraerse del público.

• **El sistema auditivo** regula las diferencias en los parámetros del sonido: los cambios de altura, duración,
intensidad, timbre o dirección. Es un aspecto fundamental en la voz para regular las impresiones sonoras
y ser capaz de adaptarse a diferentes situaciones. Por
ejemplo, en un ambiente ruidoso se aumentará el volumen (intensidad), se exagerará la pronunciación y se
emplearán frecuencias más agudas, es lo que se conoce
como el «efecto Lombard», lo que se puede comprobar cuando una persona que lleva auriculares empieza
a hablar sin quitárselos. También sucede cuando se habla en sitios ruidosos, de manera refleja se produce
este sobresfuerzo en la voz. Otro ejemplo muy relacionado con las emociones: cuando se expresa alegría se
aumenta la frecuencia y el volumen, en cambio, la tristeza se caracteriza por emplear frecuencias graves con
poca variabilidad y menor volumen. Un tercer ejemplo: no es lo mismo hablar para un público adulto que

para un grupo de niños, en este segundo caso habrá que ralentizar la velocidad del habla para mejorar la comprensión y modular más la voz.

- **El sistema propioceptivo** regula las diferencias en las sensaciones en las diferentes partes del cuerpo. En el caso de la voz son fundamentales las sensaciones que las ondas sonoras provocan al incidir con las estructuras óseas de la cara o la actividad muscular que se produce en la musculatura abdominal y en la caja torácica para controlar el soplo espiratorio. Tener un amplio repertorio de sensaciones que se correspondan con un buen uso de la voz es lo que se conoce como adquirir un buen gesto vocal o lo que es lo mismo, tener una buena técnica vocal. Estos recursos pueden ser adquiridos y perfeccionados hasta convertirse en automatismos.

- **El sistema táctil** es de gran ayuda en la comunicación, ya sea para regular la interacción a través de los gestos y para valorar la proximidad del interlocutor y ajustar el resto del sistema perceptivo.

- **El sistema vestibular** es el responsable de mantener el equilibrio y la orientación espacial así como el movimiento, la estabilidad y la aceleración o ralentización del movimiento. El sistema vestibular es el que se pone en funcionamiento cuando cerramos los ojos o necesitamos movernos en una habitación oscura. Automáticamente se recrea una imagen mental de la habitación, de uno mismo y de la posición de las diferentes partes del cuerpo. Es esencial para ajustar los movimientos del cuerpo y la postura en un escenario o espacio, para mantener el equilibrio postural y para sentirse seguro.

El entrenamiento de los sistemas senso-perceptores implicados en el uso de la voz y durante una interacción comunicativa es fundamental para aumentar el rendimiento. Si se refinan y se mantienen activos, disponibles y sensibilizados, los ajustes se producirán prácticamente de manera inmediata.

Estos sistemas senso-perceptivos se mejoran con el tiempo y son capaces de captar sutilezas de diferentes tipos de información si se dirige la acción y la atención hacia ello. Por ejemplo, si se quiere mejorar la propiocepción cuando se habla, se deberá prestar atención a aquellas regiones del cuerpo donde se puede percibir la vibración del sonido: la laringe, las mejillas, los labios, la mandíbula, etc., que previamente habrán sido estimuladas con determinadas actividades o ejercicios. Si se quiere aumentar la percepción auditiva, se ha de aprender a discriminar los diferentes parámetros del sonido en la propia voz y en la de los demás (altura, timbre, intensidad, duración) y en diferentes contextos. Se puede prestar atención a las voces de la radio, se puede grabar la propia voz y escucharla, se puede intentar identificar los diferentes instrumentos de una orquesta, etc.

Los estímulos que se reciben han de ser procesados y analizados por el cerebro. De esta manera, se pueden focalizar mediante la atención para que, progresivamente, el grado de discriminación perceptual sea mayor y el cerebro sea capaz de realizar interpretaciones más ajustadas ante los cambios más sutiles. Cuanto más afinados están los sistemas perceptuales, menos energía dedica el cerebro a registrarlos y, por tanto, más atención se puede dirigir a nuevos estímulos.

La voz y el aprendizaje neuromuscular

Una de las características esenciales del cerebro es su plasticidad, es decir, su capacidad de cambiar y de crear nuevas conexiones que permiten nuevos aprendizajes. Las conexiones neuronales se pueden establecer en tan solo dos segundos y se traducen en aprendizajes que realizamos de múltiples maneras. Se ha demostrado que el cerebro cambia en función de lo que se le pide, de manera que las rutas neuronales que se crean cuando se aprende algo nuevo pueden verse fortalecidas si se repite la acción o debilitadas si se abandona. La capacidad de organizar, reorganizar y fortalecer redes neuronales en función de su uso se mantiene durante toda la vida, aunque es cierto que durante la infancia la plasticidad es mayor. El cerebro de un niño se diferencia del de un adulto fundamentalmente por el número y la consistencia de las conexiones que se han establecido durante la vida. Esto se puede observar cada día en los cientos de personas que independientemente de su edad deciden aprender algo nuevo: un idioma, a montar en bicicleta, a tocar un instrumento, a tejer, a cocinar... La capacidad de aprendizaje es algo propio de los humanos y permite mantener el cerebro en forma.

Por otro lado, el entorno sonoro y la cultura que rodea a la persona tienen una gran influencia en el desarrollo de las capacidades perceptivas. Un entorno enriquecido con una gran variedad de estímulos (sonoros, motrices, visuales, etc.) permite el desarrollo completo de la capacidad de hablar. Por el contrario, un entorno pobre puede llevar a un desarrollo incompleto de dichas capacidades.

Puesto que se aprende a hablar en los primeros años de vida, las personas no somos conscientes de ese aprendizaje que con mucho esfuerzo realizamos e integramos como algo natural después de muchas horas de ensayo-error. Si observamos a un bebé, veremos que primero imita sonidos sin control, después se va fijando en la posición de la boca y de los labios de las personas de su entorno, después asocia los sonidos a una determinada posición e intenta producirlos, al mismo tiempo identifica sonidos con estados emocionales... Es un aprendizaje que requiere gran cantidad de energía. Gracias a la plasticidad neuronal y a la potencia que tienen las neuronas espejo, aprende rápido pero es un trabajo intenso y continuo que le lleva adquirir entre dos y tres años, y algunos más, perfeccionar.

El uso de la voz es, pues, un aprendizaje neuromuscular muy automatizado, ya que el aprendizaje se realiza en las primeras fases de la vida. Se podría decir que esta es la razón por la que las personas asumen que su manera de hablar y expresarse no es susceptible de mejora. Es curioso que socialmente se acepte que las personas pueden aprender a practicar un deporte y que pueden mejorar sus marcas y prevenir lesiones con el entrenamiento adecuado y, sin embargo, cuando se habla de la voz, la gran mayoría no cree que pueda ejercitarla, mejorarla o embellecerla. En infinidad de ocasiones los alumnos me han dicho que nunca hubieran pensado que la voz podría cambiar tanto tras el trabajo de educación vocal.

En conclusión, hablar es una actividad susceptible de ser mejorada, perfeccionada y restablecida en el caso de sufrir algún tipo de alteración. La función vocal, es decir, el buen uso de la voz depende de la propia persona de una manera directa y se refleja en un buen aprendizaje y desarrollo de la voz.

Cuando se conocen cuáles son las sensaciones y acciones musculares que se deben realizar en función de las demandas comunicativas, aumentan exponencialmente los recursos que están disponibles para hacerlo de manera efectiva, se incrementa la seguridad y el autocontrol emocional y se produce una apertura en la persona que le permite enfrentarse a cualquier reto.

¿Cómo se produce y cómo se puede mejorar el aprendizaje neuromuscular?

Aprender a escuchar y a realizar un buen gesto vocal es cuestión de técnica, es decir, de ejercicios que mediante una práctica regular se llegan a automatizar y, con la práctica consciente, a perfeccionar.

En el procesamiento de la información existen dos sistemas que se complementan y que la transfieren de uno a otro para buscar la máxima eficiencia y el mínimo gasto de energía cerebral. Son fruto de la organización cerebral y tienen como objetivo minimizar el gasto atencional.

Se puede decir que podemos procesar la información desde la parte más primitiva del cerebro hasta la más reciente (desde el cerebro reptiliano al racional o neocórtex) o desde la más reciente hacia la primitiva (desde la racional hacia la reptiliana). Estos dos sistemas se denominan: la mente abierta o «mente abajo-arriba» y la mente concentrada, también conocida como «mente arriba-abajo». Son dos sistemas mentales separados y relativamente independientes:

La mente abierta o abajo-arriba se caracteriza por ser más rápida en el procesamiento cerebral, es involuntaria y automática, es intuitiva, está motivada por impulsos y emociones, guía las rutinas más habituales y acciones, y gestiona los modelos mentales del mundo. Es la mente que se encarga de los mecanismos primitivos de supervivencia, de los impulsos y del pensamiento a corto plazo. Generalmente, se siente atrapada por los estímulos y genera pensamientos superficiales. Con la mente abierta el cerebro ahorra energía y de hecho el 40% del tiempo la mente divaga y funciona en esta modalidad. Cualquier actividad susceptible de ser automatizada puede llegar a transmitirse a este sistema si se practica durante un tiempo, de manera que parezca que se realiza sin ningún esfuerzo. Es una especie de piloto automático.

Mente abierta

Ilustración 4. La mente abierta.

La mente concentrada o arriba-abajo se caracteriza por ser más lenta, ser voluntaria, requerir de un esfuerzo cognitivo consciente y, por tanto, un mayor gasto energético. Es el asiento del autocontrol, pues es capaz de acallar impulsos emocionales y de aprender nuevos modelos y esbozar planes a largo plazo. El desarrollo de la mente concentrada es posterior en el desarrollo de las personas, de hecho, los niños no tienen un dominio sobre este tipo de atención hasta los 8 años. Esta manera de procesar la información implica una mayor autoconciencia, la reflexión, la deliberación y, sobre todo, la necesidad de un foco intencional en la acción.

Mente concentrada

Ilustración 5. La mente concentrada.

La distribución de las tareas mentales entre ambos circuitos se atiene al criterio de obtener con el mínimo esfuerzo el máximo resultado. Cuando una tarea se torna familiar, se produce una transferencia neuronal de un sistema al otro porque cuanto más se automatiza, menos energía requiere. Sucede cuando de manera automática ponemos el lavaplatos, hacemos la cama o nos lavamos los dientes. Se puede valorar el grado de automatización de una tarea observando si mientras se realiza, se puede liberar parte de la atención para prestársela a la mejora de los procesos o a otro estímulo. Es el caso de prestar atención a la radio mientras se plancha, de hablar con un familiar mientras se cocina, de cantar mientras uno se ducha o se peina, etc.

Con respecto al aprendizaje neuromuscular hay que decir que cuanto más se ejercita una actividad novedosa empleando la mente concentrada, más rutinaria se torna y, por lo tanto, más asumida por los circuitos ascendentes de la mente. Un ejemplo lo tenemos en el aprendizaje de la conducción: al principio se debe prestar atención a cada movimiento y a la secuencia de los mismos, paso a paso y en un entorno que limite los estímulos externos (una zona de prácticas sin coches y mucho espacio), posteriormente se van automatizando y la persona es capaz de mantener el control en entornos cada vez más complejos y liberar parte de su atención para, por ejemplo, hablar con el copiloto mientras se conduce.

En el caso de la **voz**, se podría decir que toda la función vocal está implementada en el sistema de abajo-arriba porque es algo que automatizamos en la primera infancia. Sin embargo, es posible transferir la atención del uso de la voz a la mente concentrada (arriba-abajo) para mejorar la función a través de diversas actividades y ejercicios. Lo más importante es tomar consciencia del proceso y de las sensaciones que provocan los ejercicios para que con la práctica sistemática y continuada puedan transferirse de nuevo a la mente abajo-arriba.

Por ejemplo, cuando las personas se proponen mejorar su voz, aprender a silbar o a imitar diferentes voces, la actividad estará dirigida por el sistema arriba-abajo hasta que se domine. Lo mismo sucederá cuando la competencia

vocal sea insuficiente para el desempeño del propio trabajo y el sistema se desequilibre, en estos casos, es preciso
devolver a la mente concentrada el control de los procesos
y mejorarlos a través de ejercicios que desarrollen el sistema neuromuscular responsable de la voz.

Se ha estudiado que cualquier aprendizaje neuromuscular (conducir, montar en bicicleta, nadar, montar a ca-
ballo, patinar, bordar, etc.) requiere de aproximadamente
unas 50 horas de entrenamiento para obtener una práctica aceptable. Con la práctica regular y consciente, este
nuevo conocimiento se transferirá y se automatizará.

El aficionado, una vez automatizada la práctica, se dejará llevar por el sistema ascendente y no sentirá la necesidad
de concentrarse en la actividad para perfeccionarla, se guia-
rá por los automatismos. En cambio, un experto nunca
abandonará la actividad a estos automatismos, sino que
ajustará la acción una y otra vez hasta perfeccionarla al
máximo, puliendo detalles y aumentando su nivel de consciencia sobre la misma. Mejorar una habilidad requiere de
una mente concentrada. Por tanto, el secreto está en la práctica deliberada y guiada por un entrenador. Prestar atención
a los detalles es fundamental para la mejora permanente.

Si se quiere seguir mejorando y perfeccionando la voz
(es el caso de los actores, los cantantes, los imitadores,
etc.), se deben trabajar de manera deliberada los procesos
que implican el manejo de la voz y la comunicación desde
la mente concentrada, y dirigir la atención a la mejora de
los detalles. Para ello, lo recomendable es trabajar con
ayuda de un entrenador vocal que proporcione pautas de
trabajo-descanso y ejercicios específicos para la persona y
el aspecto a mejorar en cada momento.

Mi experiencia en técnica vocal me ha demostrado que es necesario ejercitar de manera integral el trinomio cuerpo-mente-emoción. El mito de las 10.000 horas es cierto solo en parte, pues mucha cantidad de horas sin una actitud de mejora y una adecuada retroalimentación lo único que proporcionará es experiencia y automatismos, pero no necesariamente una práctica al máximo nivel. Si fuera así, la mayor parte de los conductores serían pilotos de competición.

La atención plena y las actividades que mejoran la concentración aumentan la velocidad de procesamiento mental, fortalecen las conexiones sinápticas y establecen y expanden las redes neuronales ligadas a la tarea que se está ejercitando. Es decir, hacer una sola cosa a la vez y con plena atención fortalece las redes neuronales que se encargan de esa tarea. Todos hemos sentido alguna vez este tipo de concentración en alguna actividad. Sucede cuando se nos pasan las horas rápido y se disfruta en el desempeño. Hay personas que entran en este estado de flujo mental cocinando, haciendo deporte, haciendo música, escribiendo, bailando, resolviendo crucigramas, haciendo encaje de bolillos, cosiendo… Es algo muy personal, pero cuando la mente se encuentra en ese estado de concentración la persona se siente feliz y realizada y es capaz de percibir cambios sutiles que le permiten mejorar y con el tiempo convertirse en expertos en ese desempeño.

Por lo tanto, todas aquellas actividades que mejoran la autoconciencia corporal, la percepción y la concentración serán de gran utilidad en el trabajo vocal. Algunas de estas actividades son el baile, el yoga, el taichí, pilates, la técnica Alexander, la práctica de la atención plena (*mindfullness*), la meditación…

Si una persona quiere mejorar su voz y aumentar su competencia vocal, tendrá, por un lado, que transferir el control a su mente concentrada cuando practique nuevos ejercicios durante el tiempo suficiente para que se vuelva a producir la transferencia y se lleguen a automatizar los nuevos patrones musculares y los nuevos hábitos de uso de la voz, y también deberá mejorar su sistema perceptivo y atencional.

Actividad
Claves para una práctica concentrada

---

1. Identifica claramente los objetivos a conseguir, desde lo más sencillo hasta lo más complejo, para poder asumirlos de manera progresiva. Por ejemplo, concentra la atención en el gesto de la respiración, en la apertura de la mandíbula o en las vibraciones a la altura de los pómulos...

2. Adapta la acción al propio ritmo de aprendizaje, es decir, descubre tu propio cuerpo y qué puede hacer en cada momento. Esto es algo que se tiene muy en cuenta en aquellas sesiones de yoga, por ejemplo, en las que se permite adaptar las posturas (asanas) y las repeticiones al límite funcional de la persona en cada momento. Es necesario ajustarse a la realidad presente y no al deseo futuro. Por ejemplo, para saber si puedes aumentar el tiempo en el que puedes emplear la voz sin notar fatiga, lo puedes medir con un cronómetro o en número de clases. Podrás observar el aumento de la flexibilidad corporal haciendo estiramientos, etc.

3. Plantéate retos prácticos graduales mediante ejercicios que se practiquen de manera sistemática y concentrada y con una cierta regularidad. Establece una rutina de calentamiento vocal; implementa medidas de higiene vocal como la hidratación, el descanso, la lectura en voz alta, etc.

4. Obtén una retroalimentación de la acción, ya sea con una grabación o con un entrenador que permita verificar los progresos. Medir es importante para comprobar los avances y mejorías.

5. Practica un discurso midiendo el tiempo o bien con un teleprónter, etc.

6. Ejercita la misma habilidad en contextos diferentes. Aprovecha cada oportunidad que tengas para practicar de manera consciente las diferentes facetas comunicativas. Por ejemplo, contar un cuento, cantar una canción, silbar, decir unas palabras de bienvenida, dictar una conferencia, asistir a un programa de radio, grabar un *podcast*, etc.

Segunda parte:
Las dimensiones de la voz

LA DIMENSIÓN FÍSICA

Por dimensión física se ha de entender todo el sistema neuromuscular implicado en la producción de la voz. En este apartado se explicarán los fundamentos de un correcto funcionamiento y cómo ejercitar los músculos que se activan cuando se habla. La mejora del funcionamiento del plano físico de la voz redundará en una mejora de cualquier proceso comunicativo por varias razones:

1. Al aumentar la consciencia sobre las partes del cuerpo implicadas en la producción de la voz, mejorará la capacidad de autopercepción y percepción de los estímulos procedentes del entorno. La atención dirigida al propio cuerpo sensibilizará a la persona.

2. Una mejora en la percepción permitirá una mejor adaptación a diferentes circunstancias y contextos, porque se realizará un análisis más fino y acertado de las distintas situaciones comunicativas.

3. El entrenamiento de la musculatura implicada mejorará la flexibilidad de todo el sistema y dotará a la persona de mayores recursos, los cuales permitirán emplear el gesto vocal en cualquier circunstancia.

4. El conocimiento y entrenamiento permitirán mantener la salud vocal en el tiempo.

¿Conoces tu voz?

Como en cualquier disciplina que se quiere aprender o mejorar es necesario saber cuál es el punto de partida, qué sabes y qué crees saber del funcionamiento de la voz, porque se trata de dos cosas diferentes.

En los cursos y talleres que imparto con regularidad es una de las primeras actividades que hago, una tormenta de ideas para entrar en el tema. Lo que suele pasar es que la mayoría de las personas saben muchas cosas, pero de una manera inconexa; por ejemplo, saben que es importante la respiración pero no saben cómo ejercitarla; o saben que tienen unas cuerdas vocales, pero en muchos casos no saben ubicarlas en su cuello y ni se imaginan cómo funcionan.

El conocimiento de la voz es una especie de lugar común en la mente de las personas con una gran cantidad de tópicos que se asumen socialmente pero que no generan conocimiento real. Y el conocimiento sin un contexto y sin saber los porqués o los cómos puede resultar totalmente insuficiente.

Es necesario que te hagas muchas preguntas y te cuestiones si ese conocimiento que llevas en tu mochila vital es suficiente para el uso que haces de la voz en tu día a día o, por el contrario, notas que tu voz te limita y te coarta a la hora de afrontar retos comunicativos crecientes y exigentes.

Te aconsejo que te hagas con un cuaderno de viaje en el que puedas apuntar tus reflexiones, conclusiones y progresos, una bitácora que te ayude a conocer tus necesidades reales y tu rumbo en cada momento, qué actividades practicas y con qué frecuencia.

Te invito a hacer un viaje que te permitirá descubrir y ejercitar todo el potencial de tu voz, aquello que le afecta y qué puedes hacer para que tu voz se mantenga bella y sana toda la vida.

Actividad
Descubre tu voz

---

1. En la primera página de tu cuaderno apunta todo lo que sabes de la voz, sin filtro, todo lo que te venga a la cabeza:

- Cómo se produce.

- Cómo percibes tu voz; si notas cambios a lo largo del día o después de hacer una actividad exigente.

- El recuerdo que tienes de tu voz en la infancia, si eras capaz de cantar o silbar y ahora no.

- Si haces algo para cuidarla.

- Si te gusta; si alguien te dijo que tenías una voz bonita o fea...

- Etc.

¿Cómo funciona la voz?

La voz humana se produce gracias a la sincronización del sistema de producción de sonido o sistema fonatorio y la voluntad de la persona.

En la producción de la voz están implicados varios sistemas que han de coordinarse:

- *El sistema muscular*, responsable de mantener el equilibrio postural y de activar los movimientos necesarios para producir el sonido. Comprende la musculatura costo-abdominal, que regula la presión del aire; la musculatura laríngea, que moviliza las cuerdas vocales y la posición de la laringe en el cuello; la musculatura facial, que moviliza la mandíbula, la boca, la lengua, los labios, etc.

- *El sistema auditivo*, responsable de la captación de las ondas sonoras y de la regulación de los parámetros sonoros por el *feedback* percibido. Con el adecuado entrenamiento es capaz de percibir de manera cada vez más fina los diferentes parámetros del sonido (altura, intensidad, timbre, duración).

- *El sistema respiratorio*, que oxigena los tejidos y es capaz de generar una columna de aire a una presión determinada (presión subglótica), la cual produce la vibración de las cuerdas vocales y ayuda a propagar la onda sonora hacia el exterior.

- *El sistema emisor*, formado por las cuerdas vocales y las conexiones neuronales que activan las diferentes posiciones de las mismas.

- *El sistema resonancial,* responsable de amplificar las frecuencias que se producen en las cuerdas vocales y que son todas las cavidades que están por encima de las cuerdas vocales (boca, nariz, faringe, senos maxilares, frontales y esfenoidales...).

- *El sistema emocional* es responsable de la regulación emocional y de la impronta emocional en los mensajes.

- *El sistema endocrino* está íntimamente relacionado con la voz. La laringe es un órgano de diferenciación sexual secundario. Es especialmente importante tener en cuenta los cambios hormonales que se producen en la adolescencia, durante el embarazo o la menopausia, ya que se producen cambios en la voz vinculados a la carga hormonal asociada.

Con respecto a la parte mecánica de la voz las partes fundamentales son:

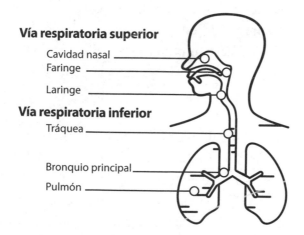

Vía respiratoria superior
    Cavidad nasal
    Faringe
    Laringe
Vía respiratoria inferior
    Tráquea
    Bronquio principal
    Pulmón

Ilustración 6. Partes que intervienen en la mecánica de la voz.

- *El fuelle:* es la fuente de alimentación por la que nuestro sistema respiratorio proporciona aire a presión proveniente de los pulmones, y es controlado con ayuda de la musculatura abdominal y costal.

- *El vibrador:* es un sistema de vibración formado por las cuerdas vocales que están alojadas en la laringe y que permiten convertir el aire en ondas sonoras. La laringe está situada en el cuello y al tragar se puede apreciar cómo se mueve hacia arriba, ya que en ese momento cierra la vía aérea para que no entre comida en el aparato respiratorio.

- *La resonancia:* es un sistema de amplificación, las cavidades que están por encima de nuestras cuerdas vocales, ya sean fijas (las estructuras óseas de la cara) o móviles (la mandíbula, los labios, el velo del paladar, la lengua...).

Es importante conocer la relación entre el aparato fonador y el control de los parámetros del sonido. Todo sonido se puede descomponer en diferentes componentes, que a su vez se pueden asociar a la producción de la voz.

- **Intensidad o amplitud:** es el volumen más fuerte o más suave de un sonido. En una radio es el control del volumen. Se sabe que alguien tiene un buen control de la intensidad porque se le escucha perfectamente en cualquier circunstancia: una conversación de amigos, una conferencia, una clase, etc. En el caso de la voz, este parámetro está regulado por la presión de aire que pasa en primer lugar por las cuerdas vocales. El resultado es una voz potente y fuerte o una voz suave o susurrada. Posteriormente, si esa presión está correctamente regulada y se activa en las cavidades de resonancia, se amplifican los armónicos de la voz. Una voz potente en volumen y proyectada no es consecuencia de un aumento de esfuerzo muscular, sino de un buen trabajo del aspecto resonancial en combinación con la presión del aire. Se puede medir con un sonómetro y se mide en decibelios. Puedes descargarte una aplicación que indica el máximo-mínimo y el volumen medio de la voz durante un intervalo de tiempo. Puedes hablar durante un minuto, leer durante el mismo tiempo y de esta manera establecer tu punto de partida, medido en decibelios.

- **Altura, tono o frecuencia:** son las diferentes frecuencias que puede emitir la voz, desde la más grave hasta la más aguda y se miden en hercios. Cada nota musical tiene su equivalencia en hercios, por ejemplo, el LA 440 quiere decir que esa nota suena en 440 Hz. Se puede medir con un afinador que indique las notas de la escala (do, re, mi, fa, sol, la, si). En la voz son las cuerdas vocales las que regulan la altura del sonido, en los sonidos agudos están más estiradas que en los graves. Puedes medir tu rango vocal (la nota más grave y la más aguda que puedes emitir) con una aplicación que recoja la nota más grave que puedas emitir y la más aguda.

- **Timbre:** hay un componente en el timbre vocal propio de cada persona que define la estructura ósea y el tamaño, forma y elasticidad de las cavidades de resonancia fijas. Por otro lado, hay un componente tímbrico que se puede modificar en función de la disposición de las partes móviles (lengua, labios, velo del paladar, orofaringe, etc.).

  o Cada persona se puede decir que tiene su propio perfil armónico, la pauta compleja que permite diferenciarla de otra. La discriminación tímbrica es tan precisa en los humanos que todos podemos distinguir centenares de voces conocidas y las variaciones de su timbre en función del estado de ánimo.

  o Se pueden observar las variaciones tímbricas mediante un espectrograma que mide los armónicos. La aplicación *spectrogram* te ayudará a visualizar los cambios de timbre de tu voz.

- **Duración o ritmo:** se refiere a si un sonido es largo o corto. Este aspecto está controlado por la capacidad de mantener un flujo de aire continuo a una presión suficiente durante el tiempo que dura el sonido. Se mide en segundos con un cronómetro.

En el siguiente mapa conceptual se muestra la relación entre los parámetros del sonido y la voz.

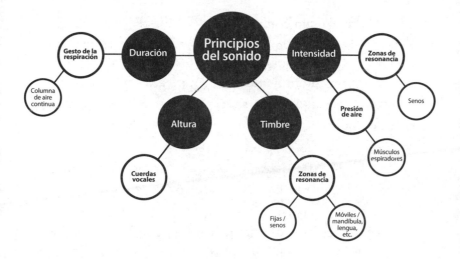

Mapa conceptual 1. *Parámetros del sonido y la voz.*

El esquema corporal vocal

Al igual que nos hacemos conscientes de nuestro cuerpo y su relación con el mundo que nos rodea, podemos mejorar la percepción de nuestra voz con el fin de ajustar los mecanismos musculares y perceptivos a una gran variedad de circunstancias y contextos que se producen cotidianamente.

Ese conocimiento está grabado en nuestro cerebro y está ejercido por un control motor. El control motor de la voz no es solo un movimiento aislado, sino más bien el desarrollo de una secuencia de diferentes fases con vistas a conseguir un determinado objetivo, y esas fases constituyen un esquema motor.

El esquema motor es el plan previo al movimiento de carácter adaptativo, pero basado en habilidades ya aprendidas que se ajustan a una determinada situación. Es decir, uno puede ordenar los movimientos antes de su ejecución. Se observa claramente cuando un bailarín aprende los pasos en una determinada secuencia o un deportista entrena los diferentes movimientos que empleará en un partido (lanzar, botar, saltar, etc.). En el caso de la voz también es posible realizar ese esquema motor antes de producir el sonido.

Las fases del esquema motor que se producen en el proceso de la producción de la voz son:

• La toma de aire durante la inspiración. En esta fase se percibe el ensanchamiento de la caja torácica y la expansión de la cincha abdominal.

• El impulso del aire con suficiente presión. En esta fase se activa la musculatura abdominal que controla el soplo durante la espiración. Es la más importante a la hora de hablar, porque es la espiración controlada la que genera la columna de aire mantenida mientras se emite el sonido. Este control de la espiración debe mantenerse hasta que se acabe el sonido, si no es así, las cuerdas vocales empezarán a trabajar con poco aire y se producirá fatiga vocal (picor y dolor en la garganta) al cabo del rato de estar hablando.

• La generación de sonido en las cuerdas vocales al pasar el aire y recibir la orden del cerebro para generar un sonido y no otro. Aquí se produce un control biomecánico de las cuerdas vocales, es decir, el aire al pasar por las cuerdas vocales produce sonido, el cual se autorregula gracias a la retroalimentación sonora. En esta fase se genera el sonido y se puede percibir si el comienzo del sonido es duro, aireado o preciso. Es la mente, nuestro disco duro, la que manda la orden a la cuerda vocal y si previamente no se piensa el sonido que se produce, puede resultar caótico, salir gallos o temblar la voz.

- La propagación de esa onda sonora y la amplificación de la misma al entrar en contacto con las cavidades de resonancia. En esta fase, que es casi simultánea a la anterior, se perciben sensaciones en la boca, cara, nariz... Todo el sistema mente-cuerpo interacciona de manera dinámica.

- La recepción del sonido por vía aérea/ósea que permite la autorregulación. La recepción del sonido junto con las sensaciones permite la regulación del resto de las fases anteriores.

- El factor psicológico/emocional puede interaccionar con ese equilibrio si existe un conflicto entre aquello que se dice y la voluntad de la persona. Si entre la voz mamífera (controlada por el sistema límbico) y la voz racional (controlada por el neocórtex) hay conflicto, la voz mamífera tomará el control y desestabilizará todo el sistema. Es la razón de que tiemble la voz cuando se habla en público o que se quiebre si se habla bajo un impacto emocional intenso.

Si se piensa en todos los tipos de sonidos que se pueden emitir con la voz: hablar, cantar, silbar, susurrar, sollozar, gritar, suspirar, llorar..., se puede comprender que la voz tiene un repertorio de programas y esquemas transferibles a diferentes situaciones. Esa riqueza motriz ha sido previamente entrenada de manera inconsciente, sobre todo por imitación en la infancia, aunque no lo recordemos porque se trata de acciones asimiladas y automatizadas. Si se quiere reaprenderlas o mejorar ese repertorio, será preciso conocer los ejercicios que permiten ejercer un control consciente sobre la acción.

La voz es una función muscular y, por lo tanto, es posible el aprendizaje y la mejora del esquema corporal vocal si se trabaja sobre los cinco principios de la función vocal: postura, respiración, emisión, resonancia y articulación.

Mapa conceptual 2. *Principios de la función vocal.*

Es importante señalar que estos principios se producen de manera casi inmediata. Si se presta atención al gesto vocal a través de la mejora de la percepción de las sensaciones musculares y sonoras, se puede mejorar la función vocal. Ampliar, mejorar y perfeccionar el repertorio motriz de la voz es mejorar el esquema corporal vocal, es decir, la capacidad de percepción y adaptación de la voz a diferentes situaciones.

Actividad
Enriquece tu repertorio vocal

---

1. Si haces un repaso al propio repertorio vocal probablemente te darás cuenta de que de todas las posibilidades que existen, habitualmente empleas unas pocas. Piensa en todo lo que puedes hacer con la voz: hablar (susurro, voz conversacional, voz proyectada); silbar; cantar; gritar; sollozar; reír; suspirar; emitir onomatopeyas (imitar animales, sonidos de la naturaleza); imitar el habla extranjera...

2. Grábate reproduciendo cada una de estas acciones para poder valorar tu evolución en el tiempo.

¿Cómo se puede mejorar la voz?

Una vez se conoce el funcionamiento básico de la voz es necesario comprender los siguientes cinco principios para entrenarla.

Postura

Generalmente, cuando una persona escucha la palabra postura se acuerda de su madre o de su abuela diciéndole: «¡ponte recto!» y asocia postura a «pose», es decir, una manera de colocarse habitualmente antinatural, tensa y fabricada. Es necesario desterrar esa concepción rígida como concepto mental de lo que es una buena postura para entender el concepto desde un punto de vista dinámico, de equilibrio muscular y, sobre todo, como una consecuencia del correcto funcionamiento de los sistemas perceptivos.

Para mejorar la postura es preciso, en primer lugar, darse cuenta de cómo nos sentamos, estamos de pie, subimos escaleras o caminamos, es decir, nuestra percepción cinestésica del movimiento o, lo que es lo mismo, la relación de nuestro cuerpo con el mundo que nos rodea y si nuestro cuerpo se adapta de manera flexible a las demandas cotidianas. Muchas personas piensan que tienen una buena postura y cuando se graban en vídeo o se ven en fotos se dan cuenta de que están encorvados y su pecho está hundido, que su cuello está adelantado o atrasado, que miran al suelo o al techo... Es necesario saber que la propia percepción del cuerpo puede estar distorsionada y uno puede pensar que tiene una buena postura cuando no es así. En estos casos el trabajo corporal (técnica Alexander, pilates, yoga, taichí, método Feldenkrais, baile, etc.) puede mejorar esa autopercepción. En otros casos las compensaciones musculares y las tensiones pueden cronificarse y será necesario acudir a un fisioterapeuta que restablezca la función.

Sin un equilibrio estructural no hay producción eficiente de la voz porque la postura compromete el resto de principios de la voz. Es complicado realizar un buen gesto respiratorio si no hay un buen tono en la musculatura abdominal, si la caja torácica se encuentra cerrada con los hombros hacia delante, si no existe suficiente movilidad en la pelvis, si las rodillas están hiperextensionadas hacia atrás o los pies no guardan una buena relación con las caderas (están hacia dentro, hacia afuera...).

Si pensamos en nuestro cuerpo en relación con el mundo, es preciso tener en cuenta el poder de la fuerza de la gravedad. En términos físicos se podría decir que nuestro cuerpo es una concatenación de vectores de fuerza que se transmiten desde nuestra cabeza a los pies y el suelo nos devuelve la fuerza con la que van cargadas esas líneas de fuerza. Si esa distribución del peso no es la adecuada la persona percibirá una falta de control y estabilidad.

El cuerpo es sabio y es capaz de organizar estos vectores de fuerza para permitir que cada músculo y hueso soporten las cargas que les corresponden. Sin embargo, si la musculatura está débil, existirán músculos que deberán hacer un esfuerzo extra produciendo a la larga un desequilibrio en la postura, porque el cuerpo tiende a compensar muscularmente estos desequilibrios. Cuando las cadenas musculares transmiten adecuadamente esa fuerza, aparece el equilibrio postural.

Actividad
Trabaja tu equilibrio postural

---

1. Sobre una esterilla, ponte boca arriba tumbado con las rodillas flexionadas. Observa la posición de tu espalda y su relación con tu cuello y tu cabeza. Si el cuello no está alineado con la columna puedes colocar un par de libros debajo de la cabeza. Siente cómo tu cuerpo pesa y se afloja cada vez que sueltas el aire. Puedes cerrar los ojos e imaginar un escáner de luz horizontal que va desde los pies hasta la coronilla y hacer que recorra el cuerpo varias veces. Debes notar cómo toda la espalda está en contacto con el suelo.

2. Colócate de pie con la espalda pegada a una pared. Controla que tu mirada queda en un punto a mitad de la pared y que la parte posterior de la cabeza toca con la pared. Dirige la mirada, sin mover la cabeza, hacia la derecha y hacia la izquierda, hacia arriba y hacia abajo.

3. Ponte de pie, busca una posición flexible en la que las rodillas estén en un punto de equilibrio y no hiperextensionadas hacia atrás. Bascula la pelvis ligeramente hacia delante y mantén los pies a la altura de las caderas. Muévete en diferentes direcciones haciendo que sea la cabeza quien dirija el movimiento empezando por la mirada.

4. Observa la posición de tu cabeza en un espejo o grábate mientras hablas. Fíjate si levantas la barbilla o mantienes la cabeza en un punto de equilibrio.

5. Pide a alguien que te grabe o fotografíe mientras hablas en público o ensayas. Observa la posición de la cabeza, los hombros, las caderas, las rodillas y los pies.

6. La técnica Alexander, el yoga, el taichí, el pilates, el baile... pueden ser de gran ayuda para equilibrar la postura y fortalecer la musculatura, así como para aumentar la autoconsciencia corporal

---

Respiración

El segundo principio en el funcionamiento de la voz es la manera en que respiramos. Cuando se habla de respiración, muchas personas piensan: «Pues si ya sé respirar: inspiro y espiro. Tomo el aire y lo suelto. No entiendo qué más tengo que saber...». Sin embargo, sí que hay algunas cuestiones más que comprender.

En primer lugar, es preciso entender que se produce una transferencia de energía y fuerzas musculares entre las cavidades del tronco. La cavidad superior está formada por la caja torácica, que protege el corazón y los pulmones, y que está protegida por las costillas. La cavidad inferior es la cavidad abdominal, que aloja las vísceras (estómago, hígado, páncreas, intestinos, etc.) y está rodeada por la musculatura abdominal.

El diafragma es una membrana en forma de paraguas horizontal que separa ambas cavidades y actúa como transmisor de la energía en ambas direcciones. Es decir, cuando se inspira se expande la caja torácica, los pulmones impulsan el diafragma hacia abajo y ese impulso hace que la cavidad abdominal se expanda en todas las direcciones.

En la respiración fisiológica, durante la espiración, el diafragma asciende rápidamente y el aire se escapa sin control de manera rápida, no se controla la columna de aire. Es como cuando llenamos un globo y lo soltamos: el aire escapa sin control. Esta es la respiración que se realiza cuando uno se está relajando y percibe cómo su caja torácica y su vientre se expanden en la inspiración y se contraen en la espiración cuando no se habla.

En la respiración fónica, durante la espiración, los músculos abdominales se activan desde el suelo pélvico movilizando el recto del abdomen (el músculo de las tabletas de chocolate que se inserta en el esternón en la parte superior y en la pelvis en la inferior). Sobre este músculo la persona tiene voluntad: lo notamos al meter la barriga para abrocharnos unos pantalones o cuando se pasea por la playa. Este músculo admite otro tipo de movimiento voluntario, de hecho, se puede movilizar hacia arriba de manera que ayuda a que el diafragma ascienda progresivamente permitiendo el control del soplo y, por tanto, la generación de la columna de aire necesaria para la fonación. Para la fonación es necesario replegarlo sobre la línea media de manera ascendente (gesto que hacemos para soplar), es decir, sentir que se sube como una cremallera. Para explorar este movimiento se proponen ejercicios más adelante. Continuando con el ejemplo del globo, es el gesto de cuando lo llenamos y sujetamos la apertura impidiendo que se escape el aire de golpe, lo que produce un sonido agudo y chirriante.

Por lo tanto, hay que diferenciar dos tipos de respiración: la fisiológica, automática y regulada al margen de nuestra voluntad por una cuestión de supervivencia, y la fónica, en la que se produce un gesto respiratorio que realizamos durante la emisión de la voz, controlado por la musculatura abdominal voluntaria que se puede entrenar. La respiración fisiológica, la que es indispensable para vivir, es activa durante la inspiración y pasiva durante la espiración. Es automática y por ello nos podemos casi olvidar de su funcionamiento. La inspiración se produce de manera lenta, es nasal y regular, y la espiración dura cerca de dos veces más que la inspiración. Para que se entienda, se inspira en un tiempo y se espira en dos.

En cambio, la segunda, la respiración fónica, la que es útil para la expresión se aprende en la infancia a través del sistema atencional arriba-abajo y se automatiza posteriormente en el sistema abajo-arriba. Esta respiración se aprende en los dos primeros años de vida y por ello es necesario realizar actividades que nos devuelvan la consciencia de este gesto respiratorio. La inspiración que es rápida, generalmente bucal, es consecuencia de la relajación de la musculatura abdominal implicada en la espiración y es activa durante la espiración, que es mucho más larga que la inspiración. Es decir, se inspira en dos tiempos y se espira en una frecuencia de 15 a 20 tiempos. En este momento se genera la columna de aire que activará las cuerdas vocales.

Para llevar al plano consciente este gesto de la respiración fónica es preciso sentir que la musculatura abdominal (recto del abdomen, oblicuos...) actúa a modo de cinturón controlando el ascenso progresivo del diafragma y generando mientras tanto una presión negativa en la cavidad pulmonar. Para que se entienda fácilmente, es el gesto que se hace cuando se sopla de manera continua; cuando ya se siente que no queda más aire, se debe relajar la musculatura abdominal que ha estado activa durante la espiración y se debe permitir, con la boca abierta, que el aire entre de nuevo. De esta manera se produce una alternancia entre esfuerzo muscular y relajación que permite mantener el equilibrio en el tiempo. Si se practica el tiempo suficiente de manera consciente, la información será transmitida de nuevo al sistema abajo-arriba y se automatizará.

Actividad
Practica la respiración

---

1. Para notar la expansión de las dos cavidades del tronco en la inspiración: siéntate, repliega el tronco sobre las rodillas y respira en esa posición. Sentirás que la caja abdominal se expande en todas las direcciones y, sin embargo, los hombros permanecen quietos. Cuando inspires debes notar que todo el tronco se moviliza en su parte media e inferior, estarás haciendo una respiración costo-diafragmática, la cual es útil para controlar el soplo en la espiración.

2. Para notar la apertura de la caja torácica en inspiración: hincha un globo y presta atención al momento justo antes de hincharlo en el que debes hacer un esfuerzo muscular a nivel de las costillas. Notarás que necesitas empujar las costillas flotantes hacia afuera. Esa expansión permite fortalecer los músculos intercostales y, por tanto, aumentar la fuerza, flexibilidad y resistencia de dicha musculatura.

3. Para controlar la espiración fónica: pon delante de la boca el dorso de la mano, sopla y nota que el chorro de aire es frío, fino y continuo hasta que sientas que no queda más aire. En ese momento abre la boca, relaja la musculatura abdominal y permite que el aire entre de nuevo y la caja torácica se expanda, este momento puede durar entre 3 y 5 segundos. Un tiempo de espiración adecuado es de 15 a 20 segundos.

4. Para controlar el soplo con retroalimentación: haz bur bujas con una pajita en un vaso, observa que son pequeñas y continuas; sigue hasta que sientas que no queda más aire, y entonces relaja la musculatura y permite que el aire entre en los pulmones. Repite esta secuencia al menos tres veces para automatizar el gesto.

5. Respiración fónica en movimiento: sopla mientras andas, conduces, montas en bicicleta, cocinas, etc. Al hacerlo controla que el soplo sea fino, frío y continuo.

6. Un ejercicio divertido es hacer pompas de jabón lo más grandes posible. El aire necesario para hacer pompas es exactamente el que se necesita para hacer un buen uso de la voz.

7. Inspira en 3 tiempos, y haz una pausa, activa la musculatura abdominal y sopla durante 8 tiempos, relaja la musculatura y permite la entrada de aire. Repite esta secuencia varias veces. Puedes alargar el tiempo de espiración prolongando el soplo de 15 a 20 tiempos.

8. El tiempo máximo de espiración es indicativo de salud pulmonar y de salud vocal. Puedes medirlo cronometrando los segundos que puedes mantener una /s/ silbante. En adultos, los valores cercanos a 15 segundos son indicativos de normalidad.

Emisión

El tercer principio del funcionamiento de la voz es la emisión. La estructura en la que se produce la vibración es la laringe, la cual contiene las cuerdas vocales, que son las responsables de generar el sonido. Cuando nacemos, nuestra laringe es un órgano inmaduro, cuya posición en el cuello es más alta para favorecer el amamantamiento. Conforme los niños crecen, la laringe va descendiendo, las cuerdas vocales crecen en longitud y se desarrolla el músculo vocal. Los niños poseen voces más agudas porque tienen cuerdas vocales más pequeñas, su músculo de las cuerdas está poco desarrollado y las cavidades de resonancia son de menor tamaño. Conforme los niños crecen, la laringe desciende hasta alcanzar en los adultos la séptima vértebra cervical de manera que el espacio de resonancia supraglótico aumenta, las cuerdas vocales aumentan su longitud y los músculos vocales se fortalecen. Esto quiere decir que las habilidades vocales se adquieren con la edad por una cuestión de maduración y de práctica, ambas deben ir a la par.

La laringe puede moverse hacia arriba y hacia abajo; se puede notar colocando los dedos sobre la nuez mientras se traga: al tragar subirá y después bajará. Para hablar, la posición de equilibrio de la laringe en el cuello es fundamental y tal posición no es otra que la de la risa a carcajadas. La laringe debe poder moverse de manera flexible y para ello se debe prevenir cualquier tensión excesiva en el cuello, la mandíbula o la lengua. Por lo tanto, un buen ejercicio que preserva la flexibilidad de la laringe es la risa que relaja toda la parte del cuello y la mandíbula.

La laringe, que se encuentra en el cuello, además de moverse arriba y abajo cuando tragamos, también se puede inclinar hacia delante, lo que permite que las cuerdas vocales se estiren más y puedan emitir notas más agudas. Volviendo al símil del globo: si se sujeta la boca de este y se estira la goma dejando una pequeña apertura, sonará un sonido agudo; si se afloja, sonará un sonido más grave.

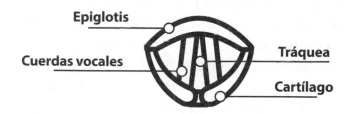

Ilustración 7. Imagen de las cuerdas vocales.

Las cuerdas vocales son las responsables de producir el sonido al paso de la columna de aire y el impulso nervioso procedente del cerebro. Estas se cierran durante la fonación o cuando se hace algún esfuerzo, como levantar pesas, y permanecen abiertas el resto del tiempo. Están recubiertas de una capa de mucosa que permite la vibración y que es fácilmente alterable por los cambios de humedad o temperatura, y también es susceptible a la deshidratación. La mucosa es a la cuerda vocal lo que el aceite es para un motor: sin una correcta hidratación la mucosa deja de proteger la cuerda y esta se irrita y se inflama. Si la deshidratación permanece en el tiempo, aparece la sensación de picazón o ronquera en la garganta, y si esta situación se mantiene, puede llegar a producir una lesión en las cuerdas vocales. Esta es una de las razones por las que la hidratación es tan importante para la salud vocal.

Las cuerdas vocales producen sonidos graves y agudos porque tienen la capacidad de estirarse, disminuyendo con ello la superficie de contacto en los agudos, y de encogerse, con lo que aumentan esa superficie en los graves. Para que se entienda: en una guitarra las cuerdas gruesas producen sonidos graves y las cuerdas finas producen sonidos agudos.

El control de la emisión se produce gracias a la retroalimentación que ofrece el sonido emitido, a las sensaciones propioceptivas (musculares y de vibración de la onda de sonido en las estructuras de la cara) y a la intención comunicativa.

La correcta emisión durante el habla está condicionada por la frecuencia fundamental del habla (Fo). Esta es aquella nota musical (frecuencia) en la que la voz es más eficiente, es decir, en la que se obtiene el máximo rendimiento con el mínimo esfuerzo. Se puede conocer esta frecuencia contando de 10 a 1 hacia atrás y comprobando la nota resultante en un teclado (se puede descargar una aplicación gratuita para comprobarlo). Esta frecuencia varía con la edad y según el sexo. En los niños esta frecuencia fundamental es más aguda que en los adultos.

Frecuencias medias fundamentales	
Niños	si2/mi3
Mujeres	sol2/re3
Hombres	sol1/re2

Cuando se habla se producen variaciones de esa Fo (línea horizontal de la figura) durante el discurso que dotan a la palabra de un contorno melódico fruto de la intención y la emoción que mejoran la comunicación (línea fluctuante de la figura). Estos contornos melódicos varían también según las zonas (los acentos) o los idiomas.

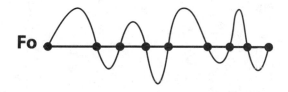

Ilustración 8. *Frecuencia fundamental del habla (Fo).*

Hay otro parámetro medible y que ofrece información útil para valorar los progresos a la hora de trabajar la voz: el tiempo máximo de fonación. Este no es otra cosa que el tiempo máximo que se puede sostener una /a/ en la frecuencia media del habla (Fo). Se mide en segundos y los parámetros normales son:

TMF (Tiempo Máximo de Fonación)	MEDIA (segundos)	Desviación típica (segundos)
SEXO MASCULINO		
<4 años	8,9	2,1
4-12 años	17,1	4,1
adultos	25,9	7,4
>65	14,7	6,2
SEXO FEMENINO		
<4 años	7,5	1,8
4-12 años	14,9	3,8
adultos	21,3	5,6
>65	13,5	5,7

Tabla 1. Tiempo máximo de fonación.

Con el entrenamiento del gesto respiratorio y la musculatura de la laringe, el tiempo máximo de fonación aumenta. Para trabajar los ejercicios de emisión se ha de partir siempre de esa Fo porque proporciona un punto de equilibrio y flexibilidad.

Actividad
Entrena tu fonación

---

1. Las cuerdas vocales funcionan correctamente si hay un equilibrio y coordinación entre la columna de aire y los músculos de la laringe. La manera de medir esa eficiencia es con el «cociente fonatorio», que se calcula midiendo

en segundos el tiempo máximo en el que se hace una /s/ (silbante, como mandando callar) y el tiempo máximo en el que se hace una /z/ (sonora, como el sonido de una abeja). Si el cociente que resulta es /s/:/z/= 1, estamos ante una voz sana. Cuando este cociente es mayor a 1,4 se debe acudir a un médico otorrinolaringólogo o foniatra porque es posible que exista algún problema en las cuerdas vocales. Calcula tu cociente fonatorio.

2. También puedes comprobar la coordinación entre aire y sonido realizando un trino de lengua /r/ o labios /br/ o lo que es lo mismo, emitiendo sonido sobre una /r/ como suena en: hierro o rico. Si las batidas de la /r/ o /br/ sobre la frecuencia fundamental son constantes se está produciendo ese equilibrio muscular

3. Una vez has entendido ese equilibrio aire-cuerda vocal sobre una frecuencia puedes ejercitar las cuerdas vocales, es decir, puedes entrenarlas y flexibilizarlas mediante diferentes notas musicales o frecuencias (agudas y graves). Como ejercicio puedes hacer una sirena emitiendo sonido desde la nota más grave hacia la más aguda, y desde la más aguda hacia la más grave con el trino de labios /br/ o de lengua /r/. Si haces sirenas durante varios minutos varias veces al día, te ayudará a estirar y a relajar las cuerdas vocales dotándolas de flexibilidad y elasticidad

4. Otro ejercicio útil para trabajar la coordinación aire-sonido consiste en hacer sirenas emitiendo sonido a través de una pajita de sorber líquido. Coloca la pajita en la boca y sujétala suavemente con los labios, sin apre-

tarlos. Si mientras se emite el sonido sale aire por el extremo opuesto y sientes una pequeña vibración en los labios, puedes estar seguro de que se está produciendo el equilibrio deseado

5. Una variante de este ejercicio es cantar de esta manera una canción conocida, es decir, soplando y cantando al mismo tiempo a través de la pajita. Los profesionales de la voz pueden poner su voz a punto y reequilibrarla cuando se encuentran fatigados practicando este ejercicio durante cinco minutos varias veces al día. Hay que tener cuidado de mantener la continuidad del sonido y que no vaya a golpes

6. Otra variante es cantar a través de una pajita un poco más gruesa o un tubo de unos 10 mm de diámetro mientras lo sumerges en agua unos 3 cm. Si las burbujas se producen a la vez que el sonido, se estará haciendo un ataque equilibrado y saludable del sonido. Si las burbujas aparecen antes que el sonido, se estará produciendo un sonido aireado. Lo que debes evitar es que el sonido aparezca después de las burbujas, ya que en ese caso las cuerdas vocales estarán siendo forzadas.

7. Silbar también te ayudará a ejercitar las cuerdas vocales.

8. Asimismo puedes trabajar la emisión produciendo sonidos hablados o cantados con un kazoo, tocando una flauta y cantando, etc...

Resonancia

El tercer principio que rige el funcionamiento de la voz es la resonancia, que tiene que ver con cómo se enriquece el sonido producido en las cuerdas vocales en su propagación hacia el exterior. Se puede pensar en un diapasón, el instrumento que emplean los músicos para afinar a partir de un sonido de referencia.

Ilustración 9. Diapasón.

El diapasón produce un sonido puro y débil. Si el diapasón se pone en contacto con una superficie, la onda sonora se amplifica. El material y el tamaño de la superficie de contacto otorga unas cualidades concretas: si se coloca sobre madera sonará diferente que si se coloca sobre un cristal o sobre un azulejo. Si se coloca el diapasón en la frente, en los dientes o en las mejillas se notará cómo se amplifica esta onda sonora a través del cuerpo, cuando se pone sobre una superficie dura (dientes o hueso) la propagación es más intensa que si se coloca sobre una superficie blanda (la mejilla). En el caso de la voz la onda sonora que se genera en las cuerdas vocales impacta con las cavidades de nuestro cuerpo y se enriquece adquiriendo un determinado timbre.

La onda producida por nuestra voz es en sí misma compleja porque está condicionada por la parte fija de nuestro cuerpo: tanto el tamaño y la forma de los huesos y los senos frontales, maxilar y esfenoidal, como la propia forma de la cara dotan de un timbre característico a cada voz; así como por la parte móvil (faringe, boca, velo del paladar, lengua, labios, mandíbula), que permite modificar los espacios y rigidez de los espacios de resonancia.

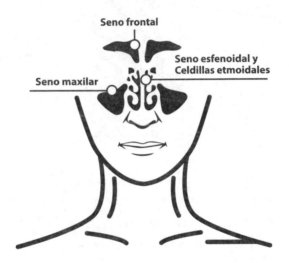

Ilustración 10. Cavidades de resonancia.

La parte fija confiere a las personas unas cualidades únicas de resonancia, permite diferenciar una voz de otra e, incluso, en quienes se parecen físicamente y tienen patrones de habla parecidos (idioma y región), como puede ser el caso de dos hermanas gemelas o semejantes, o una madre y una hija, pueden llegar a confundirse las voces si solo se dispone de la información auditiva, como sucede cuando se habla por teléfono.

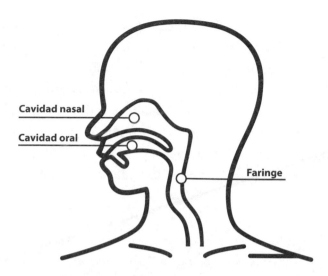

Ilustración 11. Cavidades de resonancia 2.

Gracias a esta parte fija y al impacto que la onda de sonido tiene sobre ella, se puede aumentar el sistema de percepción de la voz. Cuando la voz funciona eficientemente, la onda sonora impacta con estas cavidades produciendo una vibración por simpatía en las mejillas, en la parte superior de la nariz y en la frente (en función de las frecuencias que se emiten). Este leve cosquilleo se intensifica cuando se hace el trino de lengua o labios descrito en el apartado anterior.

Las frecuencias más graves se reflejan por simpatía en la parte del pecho, la boca y las mejillas; las frecuencias agudas se reflejan por simpatía en la frente y en el cráneo. En la voz hablada proyectada es importante percibir el sonido en las mejillas y en la frente. Casi todo el mundo es capaz de sentir internamente estas vibraciones cuando hace una /m/ con la boca cerrada, se imita a una vaca o produce el sonido que se emite cuando se piensa en un alimento sabroso… Como la forma de las cavidades es única y personal, estas sensaciones también lo serán por lo que ese trabajo de retroalimentación es conveniente que al principio sea guiado por un coach vocal.

La parte móvil es sobre la que podemos trabajar para mejorar las características resonanciales de la voz. La parte móvil además de cambiar su tamaño y forma puede variar su rigidez y elasticidad y esto tendrá también un efecto en la manera en la que la onda sonora impacta con la parte fija.

Contaré un caso muy común en el mundo del deporte. Enrique había jugado al fútbol desde que era pequeño y empezaba su labor como entrenador. Entrenaba al aire libre y empleaba el silbato para dar indicaciones, pero había momentos en los que no le quedaba más remedio que alzar la voz y era entonces cuando notaba que forzaba y al tercer grito notaba la voz ronca. Comentó con sus compañeros la situación y le explicaron que no debía gritar sino proyectar la voz. Y claro, no entendía la diferencia ni cómo se hacía, porque no entendía cómo se podía amplificar el sonido sin hacer un esfuerzo extra. Cuando su coach vocal le explicó que eso se producía porque se acoplaban correctamente los armónicos de la voz y que esto sucedía cuando controlaba la presión de la columna de aire que pasaba por sus cuerdas vocales, empleaba una frecuencia fundamental adecuada y dejaba espacio para que la onda sonora se propagara hasta los huesos de su cráneo, entonces entendió que era una cuestión de precisión y no de fuerza. Posteriormente, cuando practicó los ejercicios de voz y logró sentir el gesto de la respiración, la elasticidad de su laringe a la hora de hacer sonidos graves y agudos y la vibración en los mofletes y que debía abrir bien la boca, entendió que proyectar era fácil si sabía cómo hacerlo.

Actividad
Mejora tu resonancia

---

1. Mejora la resonancia de tu voz estimulando y movilizando cada parte móvil de la cara para flexibilizarla y fortalecerla:

   • **El velo del paladar**
     o Si colocas la lengua detrás de los dientes incisivos y vas recorriendo el paladar de delante hacia atrás, notarás que hay una parte blanda en el fondo de la boca. Eso es el paladar blando, que ha de permanecer relajado.
     o Notarás que se estira si bostezas o inflas los mofletes de aire con la boca cerrada.
     o Trabaja el velo del paladar con las consonantes: /k/ haciendo un chasquido; pronunciando /ki/ / ka/ /ku/ y /g/, como si imitaras el sonido de hacer gárgaras, y pronunciando /ga/ /go/ /gu/.

   • **La lengua** es un músculo poderoso que puede interferir en la resonancia empeorando o mejorando y potenciando el uso adecuado de la voz. Si la lengua se encuentra retraída o tensa, impedirá la salida de la onda sonora por la boca además de dificultar la articulación de vocales y consonantes y transferir tensión a la zona de la mandíbula, el cuello y la laringe. Realiza los siguientes ejercicios:

o   Relaja la lengua a través de un movimiento su-
    til, de manera que la percibas blanda y ágil; si
    percibes tensión, debes procurar relajarla y ob-
    servar el estado de relajación de la mandíbula y
    el cuello.

- Saca y mete la lengua de manera relajada.
- Mueve la lengua hacia la derecha y hacia la
  izquierda dentro y fuera de la boca.
- Pasea la lengua por las encías y el paladar.

o   Ejercita la lengua.

- Haz chasquidos sobre el paladar duro.
- Pronuncia: /th/ o /z/.

- **La apertura de la boca:** para flexibilizar la apertura
  debes hacerlo desde la articulación de la mandíbula. Percibirás esta articulación poniendo los dedos
  delante de los oídos y sintiendo cómo se abre una
  hendidura al abrir la boca. Busca la apertura en ver-
  tical para prevenir un exceso de tensión en los ór-
  ganos articuladores. Es interesante destacar que las
  lenguas latinas (español, italiano, francés, portu-
  gués, rumano, etc.) tienen un espacio reducido de
  resonancia, sobre todo en los fonemas /i/ y /e/,
  que tienden a ser más horizontales. En la medida en
  que se trabaja el espacio de resonancia más verti-
  cal, la voz se enriquece manteniendo estas vocales
  perfectamente definidas. Para ello haz los siguientes ejercicios:

o   Masajea la mandíbula desde la articulación de
    manera que se relaje y puedas abrir la boca en
    vertical totalmente. No exageres el movimien-

to, ha de ser totalmente relajado y la boca debe abrirse redondeada.

o   Suspira emitiendo una /ah/.

o   Emite el /ah/ que pronunciarías ante una sorpresa.

o   Emite un /ah/ de lamento desde la nota más aguda que puedas hasta la más grave manteniendo la boca abierta.

o   Si colocas un dedo justo delante del lóbulo de la oreja, en la articulación de la mandíbula, notarás que al abrir la boca se abre un espacio. Si esa apertura es suave y hacia abajo la boca se abre redonda. Si una vez abierto juntas los labios para formar una /u/ y sobre esa /u/ haces una sirena en la que emites sonido desde la frecuencia más grave hasta la más aguda estarás ampliando el espacio de resonancia.

o   Sobre la frecuencia fundamental pronuncia /kua/ como si de un pato cabreado se tratara sintiendo el sonido en las mejillas.

o   Sobre la frecuencia fundamental imita la risa de una bruja malvada.

o   Imitar voces, acentos (hablar en español con acento inglés o alemán).

o   El zoo: imitar sonidos de animales (un mugido de vaca, un fantasma, un búho, el aullido de un lobo, un gallo, un pollito, un pájaro, un pato).

Articulación

El último principio que rige el funcionamiento de la voz es la articulación o, lo que es lo mismo, los movimientos de la mandíbula, lengua, labios, orofaringe y velo del paladar, los cuales permiten la creación de los diferentes fonemas (vocales y consonantes) en los idiomas.

Se suele confundir la precisión en la articulación con la exageración de los movimientos de la boca. Es preciso distinguir una cosa de la otra: exagerar los movimientos puede ayudar en un determinado momento a tomar consciencia de las partes móviles implicadas en la articulación y a relajarlas, sin embargo, un uso eficiente de la voz requiere de una coordinación ágil, fina y precisa.

La articulación es esencial para que el mensaje que se transmite sea comprendido por los interlocutores. Cuando todos los principios de la voz anteriores (postura, respiración, emisión, resonancia) están trabajados y coordinados, la voz sonará equilibrada, pero si la persona no es capaz de movilizar con precisión los articuladores de las palabras, la comunicación no será efectiva. Se puede notar este tipo de imprecisión sobre todo cuando se aprende un idioma nuevo en el que existen fonemas que no están en la lengua materna y la persona toma consciencia de que no puede hablar tan rápido como en su propia lengua. Además, existen personas que tienen una cierta dificultad a la hora de articular algún fonema como /r/, /d/, /s/, etc. En ambos casos la consecuencia, que puede tener un origen funcional o patológico, es una falta de coordinación o precisión en el movimiento de los articuladores que debe ser estudiada y valorada por un logopeda.

Es útil ejercitarse delante de un espejo para observar la acción, pero sobre todo es totalmente efectivo un entrenador vocal que ofrezca un buen modelo a imitar y realice las correcciones necesarias indicando qué punto de articulación es necesario ejercitar en cada momento.

Algunos defectos del habla que pueden llegar a dificultar la articulación, como por ejemplo:

• Imitar un habla defectuosa. Si tienes hijos o estás rodeado de niños en tu trabajo y tienes un problema de articulación, tienes una gran responsabilidad en cuanto a la educación vocal de los mismos. Los niños no entienden razones, sino que directamente imitan el habla de las personas más próximas. Soluciona tus problemas de articulación si no quieres transferirlos a los niños de tu entorno.

• Si te han operado de amígdalas, puede que notes una falta de agilidad en el velo del paladar que hará que la articulación esté desdibujada o nasalizada. Ejercita la musculatura del velo del paladar, de la lengua y los labios con las propuestas descritas anteriormente (véase «Mejora tu resonancia», pág. 81).

• Es necesario considerar si existe algún tipo de alteración en la colocación de los dientes que pueda impedir la oclusión de los puntos de apoyo. En el caso de las personas que llevan ortodoncia o dentadura postiza las dificultades a la hora de articular son patentes y deben trabajarse para que no se memoricen puntos de articulación que puedan llegar a constituirse como un mal hábito.

- Si tienes un temperamento fuerte, observa qué haces cuando reaccionas: ¿aprietas labios y dientes bloqueando la mandíbula?, ¿tensas la lengua?, ¿tienes tendencia a callarte lo que piensas? Es posible que una excesiva tensión en la mandíbula te dificulte la articulación.

Cada consonante se genera como consecuencia del cierre de la cavidad oral en algún punto. Se pueden clasificar las consonantes en función del lugar en el que la lengua interrumpe el paso del aire:

- Consonantes labiales: movilizan los labios (/b/, /p/, /f/, /m/).

- Consonantes dentales: la lengua entra en contacto con los dientes superiores (/d/, /t/).

- Consonantes alveolares: la lengua impacta con la parte delantera del paladar (/s/, /l/, /r/, /n/).

- Consonantes palatales: toda la lengua toca el paladar (/ll/, /ñ/, /y/).

- Consonantes velar: entra en juego el velo del paladar (/g/, /k/, /x/).

Existen ejercicios específicos para trabajar cada fonema, generalmente, a través de frases o textos en los que aparecen de manera recurrente.

Actividad
Ejercita los articuladores

1. Explora las posibilidades de movimiento de los articuladores así:

   - **Labios:** mételos hacia dentro apretándolos entre los dientes; alterna el superior y el inferior; sácalos hacia fuera como para dar un beso; gira la boca y los labios hacia la derecha y la izquierda.

   - **Lengua:** sácala todo lo que puedas y estírala; pásala por delante y por detrás de los dientes; gírala hacia un lado y hacia otro; colócala en el paladar y apriétala; recorre el paladar con la lengua desde detrás de los dientes hacia atrás.

   - **Velo del paladar:** bosteza y nota en el punto de inflexión del bostezo cómo se estira; nasaliza un sonido.

2. Practica sin sonido el movimiento que se realiza al pronunciar palabras o frases a diferentes velocidades. Busca la realización natural de los movimientos, sin exagerar.

3. Practica frases controlando la duración del soplo. La frase constituye una unidad de sentido lógico y emocional y ha de producirse sin interrupción.

   - Quiero comer un filete (pausa y respiración), ¿puedes ir al supermercado?

- Estoy aburrida de no hacer nada (pausa y respiración), ¿por qué no vamos a la playa?

- Los niños han empezado sus vacaciones de verano con ilusión (pausa y respiración), ahora tendrán tiempo de jugar y divertirse.

4. Lee en voz alta a diferentes velocidades. Es importante que resaltes palabras difíciles de pronunciar en un texto y que las practiques de forma aislada como: otorrinolaringólogo, ornitorrinco, excitación, preponderancia...

5. Recita trabalenguas aumentando la velocidad progresivamente. Por ejemplo:

- Recia la roja rueda, rueda rigiendo rauda, rudamente la rueda, ruge rondando roja. ¡Rueda rauda, rueda roja, ruge y rueda reciamente! ¡Rueda recia, rauda rueda, rudamente, roja y recia!

- Le eché leche al café, para hacer café con leche. Para leche con café, ¿qué hace falta que le eche?

- El que tantos cuentos cuenta, no cuenta solo hasta ciento, que un ciento de cuentos cuenta.

- No me mires que nos miran, nos miran que nos miramos, miremos que no nos miren, cuando tú me estés mirando.

- Yo compré pocas copas, pocas copas yo compré. Y como compré pocas copas, pocas copas yo pagué.

¿Cómo se puede mejorar la comunicación con la voz?

Una vez se conocen y se han ejercitado los principios generales del funcionamiento de la voz y se ha establecido un buen esquema corporal vocal que permita usar el cuerpo al hablar de manera eficiente, es preciso saber de qué manera se pueden variar los siguientes parámetros que se conjugan en la comunicación oral y que dotan de la necesaria expresividad y riqueza sonora, necesaria para una comunicación efectiva. Los parámetros de la voz hablada son:

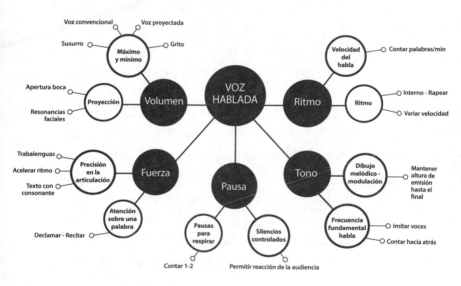

Mapa conceptual 3. *Parámetros de la voz hablada.*

Volumen

Hace referencia a la intensidad del sonido, más fuerte o más suave, y se mide en decibelios. Si se quiere comprobar la intensidad media en diferentes contextos y situaciones, se puede descargar una aplicación sonómetro, que permitirá ver en una curva el máximo, el mínimo y la intensidad media en un determinado tiempo. Observar esta curva dará una idea sobre la variación de nuestro volumen mientras hablamos y de qué formas somos capaces de cambiar la intensidad en diferentes contextos.

La proyección de la voz, es decir, la capacidad de hablar a un volumen alto con un mínimo de esfuerzo está condicionada por la frecuencia fundamental del habla, el gesto de la respiración, la configuración de los espacios de resonancia, la apertura de la boca y la precisión en la articulación, y por ello para trabajar la voz proyectada es preciso ejercitar todo el sistema neuromuscular y de sensaciones propioceptivas a través de los ejercicios propuestos en el capítulo anterior.

Lo normal es que la intensidad de la voz hablada varíe entre los 30 dB en la voz conversacional y los 105 dB en el grito. En el uso de la voz proyectada, que es la voz que se debe emplear para hablar ante un público sin micrófono (hasta 50 personas) el volumen medio está entre los 45 y los 55 dB. Si se realiza una prueba, se puede comprobar en el sonómetro si se está haciendo un uso de voz conversacional o proyectada tan solo mirando el parámetro del volumen medio.

Una situación que se da en multitud de ocasiones es que en el final de las frases hay un descenso brusco en los decibelios. Si es así, lo más probable es que se haya descontrolado el gesto de la respiración y se haya perdido el efecto de la columna de aire sobre las cavidades de resonancia y al mismo tiempo haya caído la frecuencia fundamental del habla. Es recomendable acabar la frase sin esta caída y, sobre todo, sin relajar la musculatura de la espiración hasta que no se acabe la frase. Esto es exactamente lo que le sucedía a Pedro, que en sus clases en la universidad se veía obligado a repetir las explicaciones a petición de los alumnos porque esa pérdida de volumen de la voz al final de las frases dificultaba la comprensión de aquellos que se encontraban en las últimas filas.

Aprender a regular el volumen medio del habla para adecuarlo a diferentes contextos es fundamental para mantener una voz sana. El caso contrario le sucedía a Teresa que tenía una voz proyectada debido a que había estudiado canto y todo el mundo le decía que no hablara tan fuerte que no estaban sordos. Teresa tuvo que aprender a regular el volumen de su voz para adaptarlo a las situaciones en las que no se requería tanto volumen de voz.

¿Cuándo usar un micrófono?

Muchas personas que hacen un uso profesional de la voz se plantean en numerosas ocasiones si deben o no usar un micrófono. Mejorar la competencia vocal y saber usar la voz proyectada facilitará la actividad profesional y dará autonomía y seguridad a la persona. No se puede pensar que porque haya micros se puede descuidar esta formación, aun así hay que entender que los sistemas electrónicos de amplificación de la voz, los micrófonos, están presentes habitualmente en muchos contextos: auditorios, salas de conferencias, teatros, etc. y es preciso saber cómo y cuándo emplearlos.

Hay situaciones en las que no se recomienda su uso o se le exige al profesional el control de su voz proyectada, como puede ser el caso de los docentes, directores de equipo, entrenadores deportivos, actores, cuentacuentos, etc. En estos casos el uso de la voz proyectada es fundamental. Se trata en muchos casos de espacios reducidos, no demasiado grandes en los que la amplificación se convierte más en un engorro que en una ayuda. En una ocasión asistí a un cuentacuentos para niños en una sala de lectura de una biblioteca en el que el actor llevaba un sistema de amplificación demasiado potente para la sala, de manera que el incremento de decibelios desconcentraba la atención del público asistente.

En los casos en los que se ofrece al profesional el uso del micrófono se han de valorar varios aspectos:

- El tamaño y las características acústicas de la sala: si la sala tiene una capacidad para más de cien personas y una acústica normal, se debe usar el micrófono. Para salas más reducidas es preferible no emplearlo.

- El número de participantes ante los que tiene que hablar. Audiencias de hasta cincuenta personas deberían poder manejarse sin el apoyo de los micrófonos. Cuando realizo charlas-taller ante cincuenta espectadores, los organizadores siempre me preguntan si quiero micrófono. Suelo rechazar los de mano porque dificultan mi lenguaje no verbal, tan necesario para apoyar mi exposición. En ocasiones los micros son de mesa y te fuerzan a quedarte sentado coartando también toda la parte de expresión a través del cuerpo y del movimiento. Con los micros de corbata, los que se colocan en la ropa o los de diadema, sujetados en la oreja, se mejora la cuestión de la movilidad y la expresión del cuerpo, pero es necesario controlar que el pelo, los adornos y otros accesorios no interfieran con el mismo.

- Su competencia vocal: si el orador no sabe emplear su voz proyectada con comodidad debe aceptar el micrófono y emplear con naturalidad su voz conversacional sin intentar hablar más fuerte porque impedirá la variación flexible del tono que le permitirá emplear la voz de manera más expresiva.

En definitiva, la decisión del empleo del micrófono ha de tomarse valorando pros y contras. Hay que utilizarlo siempre que se sepa que el mensaje no va a llegar, ya sea por los condicionamientos de la sala, la audiencia o la propia competencia.

En los casos en los que no es posible el uso de los mismos tan solo queda la opción de mejorar la propia voz a través de las actividades que se describen en este libro.

Actividad
Controla el volumen de tu voz

---

1. Pronuncia una frase con diferentes volúmenes: a) susurro, b) conversación, c) voz proyectada d) grito. Comprueba en el sonómetro los niveles y anótalos cada quince días, así verás si hay progresos.

2. Colócate en el extremo de una sala y pide a otra persona que se coloque en el extremo opuesto. Intenta emplear tu voz proyectada y pídele que te diga si se te entiende bien o si al final de la frase se pierde el mensaje.

3. Emplea tu voz proyectada y habla delante de un espejo o ante una cámara. Observa si abres correctamente la boca y si tu articulación es suficientemente nítida.

Tono

El tono hace referencia a la frecuencia fundamental del habla, pero también a las variaciones que se producen en una frase en cuanto al contorno o fraseo melódico del mensaje. Estas variaciones en el tono están condicionadas por:

- El idioma o dialecto: se puede distinguir a un gallego de un madrileño por las inflexiones que se producen en los contornos del habla; los italianos hablan casi cantando.

- La maduración de la voz: se puede distinguir la voz de un niño de la de un adulto porque los niños hablan más agudo.

- La educación recibida: los modelos que se han imitado.

- El carácter: las personas más temperamentales y pasionales suelen emplear mayores variaciones en el tono que las de carácter más pausado y sosegado.

El objetivo para el profesional de la voz es evitar que esta se torne monótona e inexpresiva, es decir, que no existan prácticamente variaciones en las frecuencias o que se tornen histriónicas, de modo que haya demasiadas variaciones de frecuencia que hagan la voz gritona y desagradable.

Es importante empezar a ejercitar las variaciones de tono a partir de la frecuencia fundamental del habla (Fo), es decir, la frecuencia que más se repite cuando decimos una frase y que resulta más cómoda (véase pág. 70. *Emisión*).

Es difícil ejercitar la voz proyectada si esta frecuencia fundamental es demasiado grave y la resonancia se queda en el nivel de la boca. Es lo que se conoce como el «síndrome Bogart-Bacall» y sucede tanto a hombres como a mujeres cuando hablan de manera artificial con un tono demasiado grave porque así piensan que su voz es más interesante o seductora. Este hecho provoca disfonías y otras alteraciones vocales. En estos casos es necesario variar ligeramente esta frecuencia hacia el agudo (un semitono), pues si se habla un poco más agudo, sin añadir tensión, se potenciará la resonancia facial y la voz proyectada será más fácil. Es conveniente hacer este proceso con supervisión porque genera en la persona una cierta inseguridad y una sensación de no reconocerse en esa nueva frecuencia. Cuando esto ocurre, a la persona le da la sensación de que no es ella debido a que hay un estrecho vínculo entre este parámetro y la personalidad, también le puede parecer que la voz así suena de pito o que está chillando, cuando el resultado generalmente es una voz más agradable.

Actividad
Práctica tu tono

---

1. Pronuncia las siguientes palabras empleando dos frecuencias:

   - *Ca -sa;*
     —

     —

   - *Ra - íl;*
     —

     —

   - *Ca - mi -sa;*
     —

     —   —

   - *Ma - ri - po -sa;*
     —

     — —   —

2. Realiza el mismo ejercicio con tres frecuencias. Se puede practicar la variación de tono con combinaciones silábicas o de palabras:

   - *¿Có -mo   te   lla - mas?;   ¡Ma- rí - a,   ven   a   co -mer!*
     —   —   —   —   —

     —   —   —   – —

     —   —

3. Puedes trabajar estas variaciones de tono con distintas frases en las que varíes el tono, pero sin que la frecuencia fundamental descienda a medida que avanza la frase.

4. Una vez trabajadas las variaciones de tono puedes hacer los mismos ejercicios con diferentes intensidades, es decir, más suave o más fuerte.

5. Lee en voz alta para practicar las variaciones de tono con un mismo texto y grábate para comprobar que no es demasiado monótono.

6. Un ejercicio divertido es imitar la manera de hablar y la voz de otras personas. Esto ayuda a mejorar la atención sobre la propia voz y sobre la de los demás, y a flexibilizar toda la musculatura implicada.

Fuerza

La fuerza o intención en el habla está muy relacionada con la precisión de la articulación, los silencios y el énfasis que se otorga a una determinada palabra dentro de una frase (muy relacionado con la variación de volumen o tono), así como con la emoción que se quiere transmitir.

La fuerza del mensaje que se quiere comunicar puede ir desde la moderación hasta la exageración. En el primer caso, se emplearán variaciones de tono pero no de volumen y se emplearán pausas que enfaticen el mensaje. En el segundo caso, las variaciones de tono y de volumen serán mayores.

Actividad
Modula la fuerza del mensaje

1. Si tienes algún tipo de defecto en la articulación o hay palabras que te resultan difíciles de articular, practica solo esas palabras, primero lentamente y después a mayor velocidad para que su pronunciación no trabe la intención. Por ejemplo: extenuación, otorrinolaringólogo, intersección, ininteligible, etc.

2. Trabaja la fuerza del mensaje leyendo en voz alta frases o textos en los que cada vez enfatices una palabra diferente.

3. Leer cuentos a los niños es una práctica estupenda para explorar la voz. Puedes crear voces para cada uno de los personajes, cada uno con un acento, un tono diferente y una línea melódica (acabando siempre las frases hacia el agudo, utilizando sonidos nasales, empleando un tono más agudo, etc.).

4. Recita poesías y declama un texto teatral.

Ritmo

El ritmo puede estar referido a la velocidad global del habla, si es rápida o lenta y se puede valorar contando las palabras que se dicen en un minuto leyendo un texto, todos conocemos a personas que hablan de manera pausada o de manera atropellada. Se considera normal una velocidad del habla comprendida entre 140 y 180 palabras por minuto. Las personas ágiles mentalmente tienden a hablar rápido y esto suele ser contraproducente para la voz porque no se toman el tiempo necesario para respirar o tensan la mandíbula en la articulación, de manera que no pueden abrir suficientemente la boca para que salga el sonido proyectado, o se traban o emplean excesivas muletillas. Ese exceso de velocidad añade una tensión innecesaria a la comunicación, el silencio es tan importante como el sonido.

Generalmente los adultos tienden a hablar más rápido que los los niños y los ancianos por ello es necesario hablarles más lento. A los primeros, porque tardan más tiempo en codificar el mensaje por una cuestión de maduración y a los segundos, por una cuestión de pérdida de agilidad de procesamiento o incluso por pérdida de audición.

Si se utiliza el micrófono también hay que procurar hablar más pausadamente para que no se mezcle el sonido a causa de la reverberación o el acoplamiento del sonido.

Hay tres razones fundamentales para pausar el ritmo del habla:

- **Fisiológica:** el exceso de velocidad no permite la alternancia de tensión-relajación del aparato fonador, hecho que provoca un incremento de la tensión o la fuerza y deriva en problemas de fatiga vocal o disfonía. La persona que habla rápido en muchas ocasiones realiza una respiración superficial, produce una emisión y una articulación deficiente y tensa que afecta a la resonancia, a la proyección y a su vez a la inteligibilidad del mensaje.

- **Emocional:** al hablar rápido se transmite una sensación de nerviosismo y prisa que provoca que el receptor del mensaje desconecte porque no es capaz de escuchar tanta información y procesarla para retenerla. Todos hemos tenido alguna experiencia en clase en la que el profesor tiene prisa por acabar el temario y acelera el ritmo del habla para que le dé tiempo a decirlo todo. La realidad es que es muy posible que complete el temario, pero habrá sacrificado todo el contenido que quería transmitir porque los estudiantes no habrán sido capaces de procesarlo. Es importante reflexionar sobre el proceso comunicativo, ya que si no cumple con su objetivo habrá sido una pérdida de tiempo y esfuerzo.

- **Psicológica:** la velocidad del habla está también relacionada con el temperamento. Las personas de temperamento fuerte y extrovertidas tienden a hablar más rápido y más fuerte que aquellas más tímidas o retraídas. Aun así, es un factor controlable que se puede mejorar, llevando al plano consciente las pausas y la articulación de las palabras.

Si se tiene tendencia a hablar demasiado rápido es de gran ayuda que durante las pausas se cuente hasta dos para tener tiempo de respirar y mantener la serenidad. En un principio, puede parecer que es una eternidad, en cambio, si le pregunta a su interlocutor o se graba comprobará que es el ritmo adecuado.

Hablar a un ritmo normal, o más bien pausado, genera sentimientos de confianza y respeto hacia el emisor. Si se habla pausadamente y además se realizan los silencios de manera adecuada, durante estos el receptor tendrá tiempo de respirar y procesar y pensar en aquello que ha escuchado.

Por otro lado, al hablar de ritmo también nos referimos al ritmo interno, que varía en función de la sintaxis de las frases. No es aconsejable respirar interrumpiendo una estructura sintáctica y es preciso variarlo (más rápido o más lento) para hacer énfasis en aquella información más relevante, para evitar la monotonía del discurso. Podemos observar este efecto cuando al contar una historia y querer generar tensión, se incrementa la velocidad del discurso o para generar expectación se ralentiza.

Actividad
¿Cuál es tu ritmo?

---

1. Utiliza un cronómetro y cuenta las palabras que dices hablando o leyendo durante un minuto.

2. Pregunta a las personas de tu entorno si piensan que hablas rápido o lento. Grábate durante un minuto y compruébalo.

3. Percibe tu ritmo interno intentando rapear un texto.

4. Juega a acelerar o frenar una frase o palabra para concentrar el énfasis en esa palabra o frase. Por ejemplo: *Y corrió, corrió y corrió* (acelerar) *hasta llegar a un rellano en el bosque* (frenar).

Pausas

Paco era el director de proyectos de una empresa y frecuentemente tenía que explicar a su equipo los nuevos proyectos. Generalmente, los miembros de su equipo acudían con frecuencia a consultarle cuestiones que se habían tratado en la reunión y él no comprendía por qué tenía que perder el tiempo volviendo a explicar lo mismo. Un día, una persona de su equipo le confesó que hablaba demasiado rápido y que no les dejaba ni respirar. Esto le hizo pensar que quizás algo fallaba en su comunicación y decidió consultar a un experto. El consejo que le dieron fue que cada vez que acabara una frase contase hasta dos. Al principio, le daba la sensación de que era una eternidad y que su equipo se reiría de él. Sin embargo, notó que todos estaban más receptivos y no se repitieron las consultas después de las reuniones.

Las pausas son necesarias para el orador por varias razones: para marcar y delimitar las partes importantes, para respirar y mantener la voz a pleno rendimiento, para pensar sobre aquello que se va a decir, para mantener el contacto visual con la audiencia y valorar cómo recibe esta el mensaje, para evitar muletillas que no son más que pensamientos transformados en sonido, para permitir que la audiencia ría, aplauda, etc.

Es necesario vincular las pausas a la respiración, fundamentalmente porque es el momento en el que todo el sistema fonador se relaja, pero esta no es la única razón. Como a Paco, a aquellas personas a las que les resulta una pérdida de tiempo detenerse para respirar les diré que dos segundos de pausa permiten al orador: respirar, relajarse, concentrarse, pensar en lo que se va a decir y en cómo se va a decir y evitar la verborrea o frases que no aportan nada y que ensucian el discurso; por otro lado, esos dos segundos permiten al espectador procesar y retener mejor la información, respirar al mismo tiempo que el orador y, por tanto, mejorar la atención, pensar sobre lo que se ha escuchado y tomar notas. Hacer que la audiencia respire con el orador la concentra en el mensaje y favorece la conexión emocional entre ambas partes.

Es importante destacar que cuando se prepara una intervención para más de setecientas personas hay que aumentar el tiempo de exposición entre un 5 y un 10% para poder incluir risas, aplausos, etc. y esperar a que terminen para seguir hablando.

El primer punto a tener en cuenta para incluir silencios y pausas es respetar la sintaxis de las frases, ya que es demasiado frecuente escuchar en los medios de comunicación interrupciones en mitad de un grupo sintáctico, que no son otra cosa que pausas para respirar o para pensar, cometiendo este tipo de errores. Por ejemplo, en la siguiente frase las posibilidades de decirla son:

- *La lluvia del día de ayer (v) ha supuesto (V) un gran ahorro para las zonas de regadío.*
- *La lluvia del día de ayer (V) ha supuesto un gran ahorro (v) para las zonas de regadío.*

Y hay que evitar decirla así:

- *La lluvia (v) del día de ayer ha supuesto (v) un gran ahorro para (v) las zonas de regadío.*
- *La lluvia del día de ayer ha (v) supuesto un gran ahorro para (v) las zonas de regadío.*

Si cuando se habla se tiene esta tendencia a hacer interrupciones, es preciso entrenar el gesto de la respiración y controlar el flujo del aire, de manera que no se detenga la columna de aire a mitad de una frase o respirar más frecuentemente respetando los grupos sintácticos.

El segundo punto en el control del silencio es la interacción con el público. Cuando el orador se detiene a mirar a la audiencia y genera un silencio controlado e intencionado provoca una expectación automática sobre aquello que se va a decir. Como en la música, el silencio es parte fundamental de la comunicación. No comunica mejor el que dice más palabras en menos tiempo sin esperar la reacción de la audiencia, sino aquel que sabe escuchar e interpretar que su mensaje está siendo captado y entendido.

LA DIMENSIÓN EMOCIONAL

Una vez se comprende de qué manera se puede mejorar la voz desde el punto de vista físico y se aprende a trabajar la coordinación neuromuscular al hablar, se debe combinar, integrar y mejorar todo aquello que tiene que ver con la gestión de las emociones durante la comunicación.

Al igual que un pianista debe aprender primero a conocer el instrumento y los sonidos que puede realizar, en cuanto adquiera una mínima competencia podrá empezar a crear y a expresar su mundo interior y sus emociones a través de su arte. Somos nuestra voz porque nuestra voz y nuestra manera de comunicarnos con los demás y con nosotros mismos nos da un lugar en el mundo. Entender por qué y cómo los conflictos emocionales afectan a la voz es fundamental para mantenerla en plena forma. Cuando las personas resuelven sus conflictos emocionales y se expresan con libertad, su voz se libera; de la misma manera, al incrementar la inteligencia emocional mejora la capacidad expresiva de la voz.

El ser humano tiene la capacidad de expresar mensajes de manera continua y automática no solo a través de la palabra, sino también del cuerpo mediante gestos, miradas, movimiento... No tenemos más que imaginarnos a una persona en un país extranjero en el que no conoce el idioma. Cuando quiere comer señala aquello que desea y muestra su aprobación o no con su expresión facial y con los gestos. Lo mismo sucede con los dibujos animados para los más pequeños, todo se expresa a través del movimiento, la expresión facial y los gestos.

Cuando el tono de voz, los gestos y la expresión facial son coherentes con el mensaje que se quiere emitir, la comunicación es efectiva. Imaginemos en la escena anterior que el turista ofrece una expresión facial neutra y no realiza ningún gesto, lo más seguro es que el interlocutor no le entienda. Esto es lo que sucede muchas veces cuando se habla el mismo idioma que el interlocutor y se da por hecho que tan solo la parte verbal es suficiente. Es una de las causas principales del fracaso de los procesos comunicativos, puesto que es la parte más primitiva del cerebro la que se encarga de analizar si la situación entraña peligro o no; si no tiene suficiente información no verbal, interpreta que algo no va bien. En numerosas ocasiones te habrá sucedido que mientras hablas con alguien te empiezas a sentir incómodo o, como se suele decir, «te da mala espina». Aunque tú no lo sepas, tu cerebro está procesando este tipo de información y, al evaluar la situación a nivel de supervivencia en el sistema abajo-arriba, está llegando a una conclusión antes de que tu parte más racional, tu sistema arriba-abajo, tenga los datos suficientes para llegar a esa conclusión. Es lo que se conoce como «intuición», una información sensorial que va más rápida que la mental.

Por otro lado, en determinados contextos laborales formales, frecuentemente se tiende a neutralizar (tono de la voz, gestos, expresiones...) cuando se habla el mismo idioma. En infinidad de ocasiones, esta neutralidad pone en alerta al interlocutor y es muy posible que al poco rato la atención se disperse, el emisor no se sienta escuchado y deba hacer un sobreesfuerzo para seguir comunicando. Es preciso en estos casos liberar la voz y la gestualidad para que acompañen al mensaje. No es cuestión de exagerar, sino de que exista una coherencia entre el mensaje y la manera de expresarlo, entre razón y emoción.

Siempre que se comunica se implica todo el cuerpo, en el más amplio sentido de la palabra, y para que esta comunicación sea realmente eficaz ha de existir una lógica coordinación entre pensamiento, sentimiento e intención. Si se piensa lo contrario a lo que se está diciendo, la audiencia lo percibirá, puesto que los gestos y la voz estarán impregnados de las emociones subyacentes (lo que realmente se piensa) y tomarán protagonismo (la voz sonará dubitativa o demasiado tensa, los gestos no acompañarán de manera natural el discurso, aparecerán los tics, las muletillas...) y todo ello será percibido negativamente por la audiencia. Le sucede muy a menudo a algunos políticos que se ven obligados a hablar bajo unas consignas determinadas de su partido, es decir, dicen lo que les han dicho que digan y, en muchas ocasiones, no dicen lo que realmente piensan. Esa incoherencia es percibida y a lo único que lleva es a generar desconfianza en los futuros votantes. El ser humano tiene un sensor para captar la verdad porque de ello depende en muchas ocasiones su supervivencia.

Cuando todo está en consonancia, es decir, la intención de la comunicación es coherente con el pensamiento y el sentimiento del orador, todo el proceso se ordenará: el sentimiento dará vida a la voz, el cuerpo estará coordinado con el mensaje y el proceso comunicativo será eficaz.

Un ejemplo de actividad y coherencia en la comunicación lo encontramos en esos docentes apasionados. Si preguntas qué asignatura les gusta más, la elegida suele coincidir con aquella cuyo profesor siente pasión por su trabajo y por aquello que enseña. Actualmente, soy capaz de recordar bien a esos profesores apasionados que pasaron por mi vida y que me hicieron amar materias que *a priori* pensaba que nunca podría aprender.

El lenguaje no verbal

El lenguaje no verbal es todo aquello que expresamos con el cuerpo y que acompaña el proceso de comunicación.

Son movimientos que se realizan con un propósito con el cuerpo, de manera especial con la cara y la mirada: conectar emocionalmente con el otro. Toda interacción está acompañada de información no verbal más o menos efusiva y más o menos coherente, al igual que el componente emocional de la voz.

Esta información que percibe el interlocutor se puede agrupar en cuatro aspectos fundamentales: postura, mirada, expresión facial y gestos.

Mapa conceptual 4. *Partes que conforman el lenguaje no verbal.*

a. **La postura** hace referencia a la actitud corporal que mostramos. Cuando una persona tiene interés en aquello que se le está diciendo tiende a acercar el cuerpo o a inclinarse hacia delante, por contra si lo que oye no es de su agrado, tiende a darse la vuelta, retrasar el cuerpo o mantener la distancia. Las personas seguras adquieren una postura erguida; cuando se está triste se tiende a encoger el tronco e inclinar el cuello; la inseguridad puede llevar a una actitud corporal tensa con el fin de disimularla. Por lo tanto, la postura no solo es importante para el buen funcionamiento de la voz, sino que va a acompañar el mensaje de manera inconsciente.

Es curioso también cómo cambia el estado emocional de una persona cuando modifica su actitud corporal. Si uno no tiene su mejor día, pero aun así mantiene su postura y su actitud positiva, aumentará su autocontrol emocional. Un buen ejercicio para enviar mensajes positivos al cuerpo es estirarse, abrir los brazos y hacer varias respiraciones profundas.

Cuando una persona conversa con otra, el flujo de información entre el emisor y el receptor es constante. La habilidad que tengan ambos para interpretar las señales no verbales será clave para conectar emocionalmente con el otro. Las personas que prestan atención a la actitud corporal tienden a hacer pequeños ajustes e imitan la postura del interlocutor para que se sienta cómodo, es decir, si estás hablando con una persona que se sienta de lado, siéntate tú también de la misma manera. Este tipo de gestos generan confianza a nivel subconsciente, es decir, el sistema abajo-arriba de la otra persona interpreta que la persona es amiga porque hace las mismas cosas. Sus neuronas espejo se habrán puesto en funcionamiento y se producirá la apertura necesaria para la recepción del mensaje.

b. **La mirada** con la que se acompaña el proceso comunicativo es fundamental y hay varios aspectos a tener en cuenta:

- La duración de la interacción visual. Los lazos de confianza se generan por flujos de atención y el sostenimiento de la mirada juega un papel fundamental. Muchos de los lectores han podido experimentar cómo un profesor mira preferentemente a un grupo de alumnos, excluyendo al resto; o cómo un niño que sabe que ha hecho algo inadecuado desvía la mirada. Desviar la mirada es desviar la atención, hecho que percibe el interlocutor a nivel subconsciente como una falta de interés o que tiene algo que ocultar. Por otro lado, se ha descubierto que a mayor estatus menor interacción visual y mayores interrupciones (un jefe tiende a tener menos interacción entre sus subordinados y tiende a interrumpir más). Por contra, un menor estatus inclina a la persona a ser más empática, prestar más atención y leer las emociones de la otra persona (los subordinados hacen una escucha más empática, miran más y prestan más atención). La situación ideal es que exista un flujo continuo en las miradas cuando se está hablando con alguien.

- <u>La orientación de la mirada</u> pone de manifiesto la naturaleza de la relación.

  o La mirada dirigida al entrecejo es una mirada de autoridad, se emplea para poner de manifiesto una posición o estatus y tiene un efecto de obediencia en aquella persona que la recibe. La emplean los docentes cuando necesitan mantener el control de la clase, los padres cuando quieren que sus hijos obedezcan o los jefes cuando dan instrucciones o deben llamar la atención a un empleado.

o La mirada dirigida al espacio que está entre la nariz y la boca, es una mirada amable que invita a conversar entre iguales, mejora los lazos afectivos y fomenta la escucha empática. Es la mirada que emplean los vendedores cuando ayudan al cliente, los compañeros de trabajo cuando han de trabajar en grupo, los maestros cuando explican algo, etc.

o Desviar la mirada del interlocutor puede deberse a varias razones, pero en cualquier caso el efecto es como el de ignorar a la otra persona. Cuesta muy poco dejar de hacer lo que se esté haciendo y dirigir plenamente la atención al otro. Hoy en día todo el mundo anda pendiente de los teléfonos, las agendas, los ordenadores y son pocos los que de manera consciente deciden apartar la atención de los aparatos para otorgársela de manera exclusiva a los demás. Si quieres tener una comunicación potente, cuando estés con alguien guarda el teléfono móvil y ponlo en silencio, sin duda es una fuente de distracción que hará apartar la mirada del interlocutor y provocará interferencias poco deseables.

• <u>Distribución de la mirada en la audiencia.</u> En el caso de hablar para una audiencia más o menos grande es importante distribuir la mirada entre todo el público; si se mira solo en una dirección el resto de la audiencia se sentirá excluida y, por tanto, dejará de prestar atención. En el caso de hablar en una reunión o en una clase es importante incluir a todos los asistentes en la misma empleando la mirada de manera uniforme y consciente entre todos los asistentes. Es más, si alguno de ellos muestra señales de dispersión o de falta de atención es importante no dejar de mirarlo amablemente.

Una profesora de idiomas se quejaba de que tenía una alumna que parecía ausente en la clase; cuando en el curso se trató el tema de la distribución de la mirada se dio cuenta de que prácticamente no la miraba porque la alumna no le alentaba a hacerlo, es decir, en muchas ocasiones el docente mira más a unos alumnos que a otros porque le devuelven la mirada o se muestran receptivos, la actitud profesional es incluir, aunque cueste, a todos los alumnos. Esta profesora decidió hacerlo de manera consciente, y la actitud de la alumna cambió radicalmente, empezó a participar más y a ofrecer más retroalimentación no verbal.

c. **La expresión facial.** Por supervivencia, el cerebro humano tiene un detector de la expresión facial innato regido por el cerebro reptiliano. El hombre tuvo que aprender a diferenciar al amigo del enemigo, al que quiere colaborar del que quiere luchar, a la pareja que está receptiva de la que no y así un largo etcétera. Por ello somos capaces de identificar una cara de rechazo de una alegre, una cara triste de una enfadada.

Se ha concluido en diversos estudios que es imposible no reaccionar, como humanos, ante las expresiones faciales de los demás y es por ello que los mecanismos del miedo se pueden activar ante una expresión de contrariedad, disgusto o falta de atención del público. Como consejo para principiantes a la hora de hablar en público: busca a una persona que sonría y empieza a hablarle. Dentro de la expresión facial cobra especial importancia la sonrisa:

- La sonrisa ayuda a las personas a abrirse, a confiar, a interaccionar y sintonizar con las ideas de los demás. La sonrisa abre puertas y tiende puentes. Sonreír cuando se está muy contento tiene poco mérito, lo interesante es cada día salir de casa con la sonrisa puesta para que el entorno la devuelva. La sonrisa envía el mensaje al propio cerebro de que todo va a ir bien y esto predispone a la persona a percibir el mundo de manera amable y confiada y así le permite afrontar los retos con una actitud positiva.

- La sonrisa es una de las señales fundamentales que tenemos los seres humanos para interpretar si una situación entraña peligro o no. Es fácil ver a un niño que se asusta por algo y en ese momento los padres sonríen, el mensaje que se transmite gracias a la neuronas espejo es que no hay peligro, en la mayoría de los casos los niños reaccionan sonriendo también, se levantan y siguen jugando. Por contra, ante una situación neutra que se ve reforzada por un semblante serio se puede hacer una interpretación negativa de la reacción de la persona. Un hombre se quejaba de que en muchas ocasiones escuchaba con atención, pero lo hacía, sin darse cuenta, con un semblante muy serio y eran numerosas las ocasiones en que su interlocutor le preguntaba si estaba enfadado o tenía un mal día. Esto sucede si la escucha no va acompañada de gestos de asentimiento o una sonrisa.

d. **Gestos con el cuerpo.** Durante la comunicación se realizan numerosos gestos con las manos y con el cuerpo, los cuales se clasifican en varios grupos:

- <u>Ilustrativos:</u> se emplean para enfatizar el discurso y acompañan a la palabra. Cuando el emisor sintoniza palabra y emoción, los gestos surgen de manera espontánea y ligeramente anticipada al mensaje. Si estos se preparan, se suele hacer el gesto al mismo tiempo que se pronuncia la palabra, con lo cual el oyente percibe incoherencia o que algo no va bien, que no fluye. La audiencia es capaz de apreciar esa anticipación que da credibilidad al mensaje. En los discursos demasiado preparados no existe esta anticipación y esto es percibido como una incongruencia general. Estos gestos son los que más interesa incluir y potenciar en la comunicación para que salgan de manera espontánea, porque ayudan a enfatizar el discurso, a incluir a la audiencia y a expresar con todo el cuerpo el mensaje que se quiere transmitir.

- <u>Emblemáticos:</u> son aquellos que todos conocen, como el llevarse los dedos a los labios para indicar silencio, señalar en una dirección para dirigir la atención; saludar con la mano o tenderla para dar un apretón de saludo.

- **Reguladores de la interacción:** son gestos que permiten conocer la intención del interlocutor, por ejemplo, el levantar la mano para pedir turno, separarse o girarse al despedirse.

- **Reguladores de la emoción:** son los que expresan emociones al interlocutor, como abrazos, besos, caricias, una palmada en la espalda, etc.

- **Adaptativos:** son aquellos que se deben controlar cuando se habla en público porque manifiestan una emoción negativa contenida. Se trata, por ejemplo, de movimientos repetitivos con los pies, la necesidad de sujetar un boli mientras se habla, el tocarse el pelo o la cara sin ser consciente de ello, el balancearse al hablar, apretar los labios, meter las manos en los bolsillos, recolocarse la ropa, etc. El lector se sentirá identificado con el siguiente caso:

Pedro se había preparado para su primera entrevista de trabajo, había hecho todo lo que su profesor de Formación y Orientación Laboral le había explicado cuando estudiaba el ciclo superior de Administración. Se había aseado, llevaba la ropa limpia, una copia del currículum, había llegado cinco minutos antes al lugar donde le habían citado e intentaba mantenerse positivo. Para él era importante conseguir el trabajo porque debía ayudar en casa. Cuando entró al lugar donde se realizaría la entrevista, saludó al entrevistador, y al sentarse notó que empezaba a mover las piernas, se tocaba compulsivamente la chaqueta y no sabía qué hacer con las manos. Toda su confianza se quebró y empezó a pensar que no le iban a dar el puesto y que no era lo sufi-

cientemente bueno. Ese diálogo interno se fue trasladando a su voz y todo su entusiasmo se esfumó. Pedro no consiguió el trabajo y tampoco entendió en qué había fallado. Al tiempo, en un curso, pudo entender que en aquella ocasión había tenido gestos adaptativos, a causa del estrés, que le habían llevado a perder el control en su comunicación.

El lugar donde se manifiestan los gestos de las manos y los brazos no ha de ser demasiado alto ni demasiado bajo con respecto al cuerpo. Se han de realizar a una altura corporal de manera que no interfieran con la mirada. Si se hacen con los brazos demasiado altos, parecerá que se está matando moscas. La altura adecuada para realizar esos gestos que ayudan a enfatizar el mensaje es la que se tiene con los brazos relajados, pero rozando las caderas, y moverse en ese plano. Sobre todo no se ha de romper la línea de comunicación visual. Los gestos se deberían encuadrar en el rectángulo de la figura, con los brazos en un ángulo de 120º.

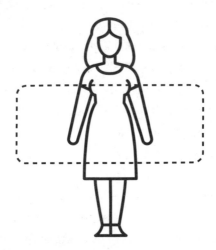

Ilustración 12. *Lugar donde se realizan los gestos.*

Hay un factor cultural en cuestiones de gestos y lenguaje no verbal muy importante a tener en cuenta cuando las personas se relacionan con otras culturas. Por ejemplo, para decir sí o no los búlgaros hacen el gesto con la cabeza en el sentido contrario al resto del mundo. Los italianos tienden a gesticular más, a hablar más cerca y poseen muchos gestos emblemáticos que es interesante conocer. Los japoneses mantienen una distancia mayor con el interlocutor y no se tocan. Las diferentes culturas expresan emociones de manera diversa.

Con respecto a los movimientos en el espacio, hay que distinguir entre aquellos movimientos con intención en la comunicación (girar el cuerpo, dar unos pasos, etc.) de los que se hacen de manera inconsciente como síntoma de nerviosismo (balanceos, movimientos de pie cuando se está sentado, chasquidos, etc.). Estos son gestos adaptativos que deben ser eliminados debido a que producen interferencia en la comunicación y en la recepción del mensaje. Ayudará sobremanera a evitar los balanceos el sentir el anclaje de los pies al suelo manteniendo las rodillas flexibles. Si se está sentado sobre los isquiones y los pies están apoyados en el suelo, será más fácil mantener la postura y estar tranquilo mientras se habla, es decir, mejorar la postura y la autopercepción del cuerpo en el espacio es fundamental.

La inteligencia emocional en la comunicación

Hoy se sabe que al igual que podemos aumentar nuestra competencia en diversos aspectos (lectura, escritura, matemáticas...) o disciplinas (deportes, música, teatro, danza…) también lo podemos hacer en cuanto al conocimiento del propio universo emocional y su expresión. Adquirir recursos que favorezcan el aumento de la inteligencia emocional es un aspecto fundamental para el desarrollo personal en general y para una correcta comunicación en particular.

La inteligencia emocional comprende dos vertientes, la que tiene relación con uno mismo, es decir, la «inteligencia interpersonal», y la que tiene relación con los demás y su interacción, es decir, la «inteligencia intrapersonal».

En cuanto a la inteligencia interpersonal, primero, es fundamental empezar por uno mismo reconociendo las emociones propias, lo que comúnmente llamaríamos ponerle la etiqueta a aquello que se siente. Hay personas que son incapaces de distinguir la tristeza de la melancolía o la alegría de la euforia. En segundo lugar, el autocontrol de las emociones, es decir, tener la capacidad de detectar la emoción y decidir cuál es la respuesta más adecuada en cada momento y, en tercer lugar la autorregulación, es decir, qué se hace para bajar o subir la intensidad de aquello que se siente. Si te imaginas una radio, el dial sería la emoción que se siente y el volumen la intensidad de la misma. Aprender a detectar cómo se siente uno a intensidades bajas es todo un reto y es precisamente este hecho lo que permite una regulación fina del propio estado de ánimo. Si una persona empieza a estar triste, puede salir a dar un paseo, llamar a un amigo o escuchar música o puede no hacer nada y sentirse cada vez peor. Las personas con una gran inteligencia emocional, serán capaces de detectar el origen y cambiar algo en su realidad para que esa emoción no suba de intensidad.

En cuanto a la inteligencia intrapersonal, es en sociedad donde las personas la aprenden en el contexto en el que se desarrolla, ya que es la capacidad de interpretar el mundo emocional de los demás, lo que se hace de manera constante en las interacciones en diferentes entornos y situaciones. La inteligencia intrapersonal es imprescindible en la comunicación y se pone en acción cuando se interpreta el mensaje verbal, el tono de voz, la expresión facial, los gestos, la postura, etc. Si las interacciones con el entorno son sanas y respetuosas, la persona aprenderá a relacionarse de esta manera. Por contra, si las relaciones con las personas del entorno son tóxicas (agresividad, palabras malsonantes, gritos, expresiones faciales tensas, etc.), existirá una tendencia a establecer vínculos tóxicos con los demás.

Cada persona tiene una mochila emocional y una historia personal que puede facilitar o dificultar las relaciones en su día a día. A mayor inteligencia emocional, menores conflictos se generan, porque las personas aprenden a comunicarse de manera asertiva y educada y a recibir los mensajes de la misma manera. Interpretar las emociones es importantísimo en la regulación de la comunicación con los demás. Escuchar y captar señales sutiles ayudará a ponerse en el lugar del otro y a saber cuál es el siguiente paso a realizar en el proceso comunicativo.

La empatía o ponerse en el lugar del otro es fundamental para establecer vínculos sanos. Hay personas que todo mensaje se lo toman de manera personal o como un ataque, es decir, tienen dificultades para ponerse en los zapatos del otro y les cuesta ver otro punto de vista. La empatía se construye sobre la capacidad de experimentar sensaciones viscerales en el propio cuerpo y para ello se requiere tener conciencia de uno mismo y de las propias emociones.

Cuando conocemos la realidad de otra persona, las neuronas espejo captan la información y la ínsula resume la emoción ajena conectando con las propias emociones. La empatía es una de las cualidades que nos hace humanos, que despierta nuestra necesidad de ayudar o proteger a un igual y de evitarle sufrimiento.

Teresa, ejercía de médico de familia en un centro de salud y tenía fama entre los pacientes de ser atenta y amable y, sobre todo, una buena profesional. Teresa sabía que la manera en la que hablaba a sus pacientes era importante y por ello les recibía con una sonrisa, les hacía sentarse y mientras le explicaban lo que les pasaba los miraba y asentía. Cuando tenía que responder lo hacía mirándoles a la nariz, hablando lentamente y explicando los tratamientos, de manera que se aseguraba que los pacientes habían comprendido lo que tenían que hacer. Teresa sabía que el envoltorio de aquello que decía a sus pacientes era parte del tratamiento.

La apertura emocional es la capacidad para detectar pistas emocionales sutiles en un grupo a través del tono de la voz, la expresión facial y el LNV (lenguaje no verbal). Un buen comunicador posee una buena apertura emocional y es capaz de realizar cambios sutiles en el discurso para ayudar a la otra persona a sentirse cómodo.

Si la persona es capaz de interpretar esta información de manera adecuada, le resultará más fácil ser empático con los demás, pero pueden generarse dos tipos de empatías:

1. *La empatía cognitiva*, que consiste en entender los sentimientos de los demás sin necesidad de experimentarlos en el propio cuerpo. Racionalmente se entiende el estado emocional de la otra persona porque alguna vez se ha sentido de la misma manera o porque se es consciente de la dificultad por la que pasa, pero no se siente lo que la otra persona está sintiendo. Esta empatía lleva a la persona a pensar en el bienestar del prójimo. Es la empatía que deben trabajar, por ejemplo, el personal sanitario o asistencial, también los profesores cuando ven a otra persona pasándolo mal.

2. *La empatía emocional* consiste en sentir en el propio cuerpo lo que sienten los demás. Este tipo de empatía es la que produce apego y afecto hacia el prójimo. Se suele producir un contacto ocular más intenso, se asiente, se toca y se pregunta para mayor comodidad de la otra persona. Sentimos esa empatía emocional cuando se movilizan nuestras emociones ante la situación que vive otra persona y sentimos la necesidad de cuidarla o protegerla. Es la empatía que experimentan la familia y los amigos hacia sus seres queridos. También se moviliza al sentir el dolor de otra persona cuando sufre e inevitablemente sentimos deseos de ayudarla o aliviarla.

   ¿Cómo se puede mejorar la empatía? En primer lugar, es importante que la conversación no esté acaparada por una sola persona. Realmente, el tiempo de conversación debería equilibrarse si se quiere conectar con los demás. Lo mismo sucede con los temas que se traten en una conversación; estos podrían dividirse en:

yo, tú y el mundo. Si solo se habla de lo que pasa en el mundo se corre el riesgo de que el vínculo entre las personas se debilite por superfluo. Si una persona solo habla de sí misma, se corre el riesgo de ser tachada de insensible o egoísta. Hacer preguntas, responder y repreguntar: ¿y tú que opinas?, ¿qué sientes?, ¿cómo lo harías tú?, etc., es todo un arte que poco a poco parece que se va perdiendo.

Otro aspecto a tener en cuenta es la sensibilidad social, es decir, la capacidad para interpretar las señales que se producen en los demás, que permite detectar el fin de la interacción. A mayor sensibilidad social mejor comunicación. Si se quiere conectar con los demás es de gran ayuda imitar el lenguaje no verbal del interlocutor, ya que se activan sus neuronas espejo y el otro reconoce como familiar su propio lenguaje. También es importante sonreír, aprender a leer las emociones, interpretar el tono de voz y la expresión facial e identificar las posturas abiertas y receptivas.

La relación entre la inteligencia emocional y la voz

El ser humano tiene una programación innata para expresar emociones con la voz, la cual puede verse afectada por el entorno personal y profesional, que puede ser potenciador o inhibidor. Así, cuando llamamos por teléfono a un amigo somos capaces de percibir si está triste, contento, preocupado, nervioso... sin necesidad de verle la cara.

La voz lleva implícita en todo momento un impulso vinculado al mundo emocional de la persona. Si una persona tiende a reprimir sus emociones y sentimientos, su voz sonará retenida y constreñida y esto puede impedir que su tono suene tranquilo y sea malinterpretado por los demás. Cuando una persona teme exponerse a decir algo, su voz suena temblorosa y atropellada o quizá demasiado brusca. Es decir, el sistema límbico toma el control de la situación y lo transmite a la voz y a la expresión porque hay unas creencias que desatan esta reacción emocional. Desactivarlas es fundamental para generar seguridad y que la parte de la voz controlada por el neocórtex esté en perfecto equilibrio con la voz mamífera, controlada por el sistema límbico.

En los entornos laborales, si existe un buen clima para la expresión emocional y las personas se sienten seguras a la hora de expresarse, esa seguridad se transferirá a la voz y, por tanto, a la manera de relacionarse la persona. Con ello se establecerá un circuito positivo que se retroalimentará por sí solo. Por el contrario, si el individuo percibe hostilidad, un exceso de crítica o juicio, se sentirá inhibido y esta contención también se transferirá a la voz y a las relaciones, estableciéndose un circuito represivo. Aún no se comprende suficientemente esta cuestión y en muchas ocasiones las empresas saben que algo no funciona, pero ignoran cómo salir de esa ratonera. He presenciado cómo el clima emocional de un grupo de empleados daba un giro de 180° mejorando la voz y la comunicación de sus integrantes. De repente, las personas dejan de estar a la defensiva, empiezan a escuchar y a expresarse con libertad y a aportar ideas y mejoras, en lugar de críticas e inconvenientes.

Por otro lado, muchos de los problemas que se vinculan con la voz y la comunicación, como puede ser el miedo a hablar en público, tienen su base en un conflicto no resuelto en el que la parte mamífera del cerebro reclama su protagonismo y este hecho se mantiene en el tiempo hasta que la persona lo resuelva.

Un docente tímido y reservado que por primera vez se ponía delante de alumnos, comenzó a experimentar una desagradable inseguridad al dar sus clases, al tiempo que en su interior aparecían pensamientos negativos vinculados a su sistema de creencias. Para desactivar su miedo a hablar en público tuvo que realizar un proceso interno de análisis de creencias y miedos hasta que se dio cuenta de que en su familia tomaban por vanidosos y mentirosos a aquellos que hablaban en público.

Liberar la voz tiene mucho que ver con aumentar la competencia emocional de la persona. Y curiosamente, es un camino de ida y vuelta, mejorar la competencia vocal ayuda a expresar mejor las emociones y aumentar la competencia emocional ayuda a la expresión vocal. Cuando una persona se siente libre de expresar aquello que siente y piensa, su voz se torna fuerte, serena y segura. Las emociones acompañan al mensaje y es capaz de conseguir lo que se proponga.

¿Qué piensas de tu voz?

Todas las personas tienen una imagen vocal o ideal vocal totalmente vinculado a su personalidad, es la voz con la que se identifica la propia persona y no desea cambiar. El autoconcepto vocal, o lo que es lo mismo, la opinión que una persona tiene de su propia voz tiene mucho que ver con la expresión de su yo más profundo.

Esta imagen vocal, o lo que se piensa de la propia voz, puede ayudar o dificultar el proceso de mejora de las cualidades de la propia voz. Ayuda en el caso de que una persona sea consciente de que su voz no suena bonita y desea el cambio, pero puede dificultarlo si la persona no es consciente de que su manera de hablar afecta negativamente a su salud vocal. Por ejemplo, una persona que tenga tendencia a hablar en tono demasiado grave (síndrome Bacall-Bogart) y tenga que aprender a proyectar su voz deberá modificar la frecuencia fundamental del habla y, por lo tanto, su imagen vocal se verá modificada y le costará aceptar su nueva sonoridad porque estará muy vinculada a su identidad.

Se ha estudiado que la relación entre las emociones y la voz está vinculada a la variación del tono, la intensidad y el contorno melódico o entonación. De manera que cuando se expresa alegría, se aumenta el tono y sus variaciones, así como la intensidad; la tristeza lleva implícita tonos graves y voz más monótona o con menos variaciones y un ritmo más pausado.

Se han descrito también dos extremos de personalidad en función de su respuesta ante el estrés. Se podría decir que la mayoría está en un punto intermedio tendente a uno de los lados de la balanza.

* La persona del tipo A (débil ante el estrés) se caracteriza por ser impaciente, tener una expresión facial tensa, reírse a carcajadas y estar insatisfecho. Su manera de hablar es rápida, con volumen alto, expresiva, ges-

ticulante, con grandes variaciones de tono y enfática. Suele apresurar al interlocutor asintiendo con los gestos e interrumpiendo.

• La persona del tipo B (resistente al estrés) se caracteriza por ser tranquila y paciente, tener una expresión facial relajada, una risa suave y estar satisfecho. Su manera de hablar es pausada y con bajo volumen y menores variaciones de tono, es decir, tendente a la monotonía, a gesticular poco. Es más calmada, suele responder tras las pausas y escucha con atención.

Realmente en el equilibrio está la virtud, las personas que tienden más hacia el tipo A deberían prestar atención a hablar más pausadamente, no interrumpir y escuchar con más atención. En cambio, las tendentes al tipo B deberán aprender a incrementar el volumen, enfatizar y modular la voz para aumentar la expresividad de la misma, así como gesticular más.

Para trabajar esta dimensión emocional es preciso plantearse el reto de aumentar la consciencia emocional que nos mostrará cómo se manifiesta en el propio cuerpo y en la voz para entender que el grado de intensidad a la hora de expresarla tiene mucho que ver con las posibilidades expresivas de la voz. Así la persona se dará cuenta de que puede aceptar su voz mamífera cuando grita, solloza, gime, ríe o llora y que emitir sonidos tiene un efecto canalizador de las emociones y de la propia voz.

A la hora de hablar en público se debe saber que provocar una sonrisa o una carcajada en el interlocutor desarrolla más la receptividad permitiendo que se recuerden mejor los mensajes. Cuando una persona cuenta una historia emocionante o un momento memorable, el cerebro de quien escucha se acopla (emocionalmente hablando) con el del orador, de manera que se reproducen las pautas cerebrales unos dos segundos después. A mayor acople, mayor comprensión del mensaje de manera que el espectador puede llegar a anticipar el desenlace de la historia. Es lo que sucede también cuando se ve una buena película que abstrae al espectador y conecta con sus emociones permitiéndolo prever el desenlace de la trama.

Contar historias propias es un excelente depósito emocional y mental a tener en cuenta para conectar con los demás. Las personas son capaces de recordar mejor un concepto si hay una historia subyacente, por esta razón los cuentos tienen tanto valor en todas las culturas. Si se quiere tener una comunicación rica y efectiva no podemos olvidar que somos contadores de historias.

Actividad
Mejora la competencia emocional de tu voz

---

1. Siéntate en calma y en silencio, y observa qué sucede en tu mente y en tu cuerpo. No juzgues, no evalúes, tan solo observa. Anota lo que ha sucedido: los pensamientos se agolpaban, podías sentir la respiración, tu cara estaba relajada o tensa... Si aprendes a centrar tu atención en el momento presente, serás capaz de percibir con mayor sensibilidad tu estado físico y emocional.

2. Ejercita la memoria emotiva: sentado en una postura cómoda y con los ojos cerrados evoca una situación de tu vida que te haya provocado una determinada emoción: alegría al saber que te ha tocado un premio, tristeza al pensar en los seres queridos que no están, rabia ante una injusticia, etc. Observa qué pasa en tu cuerpo, cómo se manifiesta la emoción: suben las pulsaciones, se te dibuja una sonrisa, te entran ganas de llorar... Permite que suceda. Tener la capacidad de no asustarse de las propias emociones es el primer paso para emplearlas en la comunicación con libertad.

3. Ejercita la memoria emotiva y la voz: piensa en una situación que haya generado una emoción intensa, exprésala en voz alta y deja que la emoción aflore durante la narración. Observa qué pasa en tu voz, es muy posible que se torne temblorosa. Familiarizarse con las sensaciones que provoca la emoción en la voz permitirá posteriormente poder implicar esa emoción en un discurso con una simple evocación de este. Ese espacio en el que se teme el juicio de los demás por cómo sentimos o expresamos e inhibe la comunicación es necesario reconquistarlo para nosotros mismos.

4. Escribe en tu cuaderno de reflexiones qué piensas de tu voz. Ahora pregunta a un amigo qué destacaría de ella y de tu manera de hablar, qué siente cuando está contigo. Grábate durante un minuto y tras escucharte escribe qué aspectos de tu manera de expresar te gustan más y cuáles menos.

5. Practica con el «juego del idioma inventado» (para 4 o más jugadores): un jugador piensa en una situación (se

me ha quemado la comida, me ha tocado la lotería, la abuela se ha caído y hay que ir al hospital...). Una pareja sale fuera de la habitación, pero solo uno conoce la situación que le ha dicho el primer jugador. Ahora se trata de hablar en un idioma inventado recreando la situación. El jugador que no conoce la situación debe seguir el hilo en la interacción interpretando el tono de voz, los gestos, las miradas, etc. El cuarto jugador debe adivinar qué está pasando. Después se puede recrear de nuevo la situación en el idioma que todos conocen y observar los cambios que se han producido en la voz y en el lenguaje no verbal. ¡Risas aseguradas!

6. Cuenta un cuento a un niño e intenta expresar de manera exagerada con la voz los sentimientos de los personajes.

7. Di una misma frase con diferentes sentimientos: triste, alegre, enfadado, eufórico.

¿Qué puedes hacer con tu miedo a hablar en público?

Sentir miedo es una respuesta evolutiva del instinto de supervivencia. La pregunta es si ese miedo se produce ante un estímulo que realmente compromete la existencia o no. Si aparece un león o se produce un accidente, ese miedo es útil porque activa todos nuestros mecanismos de lucha o huida, en ese caso toda la energía de la persona se enfoca en sobrevivir.

El miedo es una respuesta adaptativa que puede desencadenar respuestas en los tres niveles cerebrales (reptiliano, mamífero o humano) en función del estímulo y, sobre todo, en función de la interpretación de la propia persona. Cuando la persona que habla en público piensa que va a perder su trabajo si no lo hace bien, se activarán respuestas fisiológicas fuertes de supervivencia. En cambio, si piensa que hablar en público es divertido y mejora su posición social las respuestas no tendrán nada que ver con las primeras.

De entre todos los miedos existentes, el miedo a hablar en público es uno de los que ocupan las posiciones más altas, por delante del miedo a volar o a la muerte y esto es así porque cuando una persona se expone ante los demás puede ver comprometida una o varias de sus necesidades existenciales básicas (aceptación, pertenencia a un grupo, sentirse amado, gustar, etc.).

Siempre digo que hablar en público es vivido por muchas personas como si tuvieran que desnudarse delante de desconocidos y en cierta medida es un poco así porque la voz abre una ventana al interior de la persona que no siempre se quiere mostrar. Para hacerlo con agrado y disfrutar de la experiencia es necesario que la persona acepte sus luces y sus sombras, admita que no es perfecto y que aun así tiene algo importante que mostrar y enseñar. Si observamos a los niños de cuatro o cinco años, vemos que la mayoría expresan lo que sienten y piensan y que aún no están pendientes del qué dirán, se aceptan.

Actividad
Explora tu miedo a hablar en público

---

1. ¿Te decían de niño que te callaras? ¿Quién? Los profesores, tus padres, tus abuelos... Los niños interiorizan que para ser aceptados «no deben hablar», ni expresarse, ni cantar... y estas creencias se graban intensamente en su cerebro haciéndole creer que para recibir la aprobación de los demás no está bien expresarse. Como adulto no tienes por qué aceptar esas creencias y te será de gran ayuda trabajar con afirmaciones (frases formuladas de manera afirmativa) en los momentos de relajación. Puedes decir en voz alta o pensar frases como:

   • Está bien expresarse.

   • Me siento bien cuando comparto lo que sé.

   • La gente me acepta cuando hablo en público.

2. ¿En qué momento sentiste el miedo a hablar en público? ¿Fue en el colegio, instituto o universidad? Escribe el momento si lo recuerdas o aún mejor habla sobre ello con algún amigo, será enormemente liberador porque te ayudará a racionalizar la experiencia. Hablar sobre los miedos los desactiva. Ahora pregúntate: ¿te dijeron qué debías hacer?, ¿cómo tenías que prepararte? ¿Cómo fuiste percibido? ¿Qué podías mejorar? Si no tenías la información necesaria ni la técnica, es normal que no te saliera bien. Ese momento ya no existe y, por lo tanto, no debes otorgarle más poder en el futuro...

Una vez se comprende el origen del miedo se pueden analizar las diferentes respuestas al miedo que se dan en las distintas personas y situaciones:

1. **Respuestas cognitivas:** generan pensamientos como: «me voy a equivocar», «me voy a quedar en blanco», «no soy suficientemente bueno», «no va a gustar», «se me va a olvidar algo», «siempre se me olvida una parte», etc. Este tipo de respuestas han de ser trabajadas analizando esas creencias para desactivar su efecto. En la mente existe una distorsión y a menudo aparecen el siempre/nunca que polarizan el pensamiento impidiendo valorar objetivamente los hechos. Son pensamientos generadores de «la profecía autocumplida», puesto que en el momento de la verdad sabotean la actividad. Es preciso escribir esos pensamientos y razonar sobre su veracidad y sobre todo relativizar y pensar que el error es una fuente de aprendizaje y que todo el mundo se equivoca alguna vez.

2. **Respuestas fisiológicas:** ganas de orinar, sudar, tener palpitaciones, dolor de cabeza, sequedad en la boca, manos frías, etc. Todas ellas se producen porque el cerebro reptiliano y el emocional interpretan que está en juego la supervivencia. Este tipo de respuestas se han de trabajar desde el plano físico mediante relajación y con ayuda de visualizaciones de la situación. Ayuda mucho visualizar la exposición, el espacio y a uno mismo hablando con seguridad y firmeza. También beber un vaso de agua justo antes de salir al escenario.

3. **Respuestas conductuales:** evitar la situación a toda costa, huir de la situación o afrontarla con gestos de evitación como morderse el labio, meter las manos en los bolsillos, traquetear, balancearse, mover una extremidad, etc. El trabajo debe ser una combinación de relajación y desactivación de pensamientos boicoteadores. Es muy útil grabarse en vídeo y analizar este tipo de respuestas, generalmente la persona al verse toma conciencia de lo que no le gusta y lo cambia rápidamente.

Actividad
Controla las respuestas boicoteadoras

---

1. Observa que en nuestra mente tenemos dos vocecitas internas con dos tipos de discursos mentales, una que nos alienta a hacer lo que hacemos y otra que está permanentemente intentando boicotear aquello que hacemos. La acción equilibrada de ambas es lo ideal. Aun así hay personas que tienden a desoír a una o a otra. En el caso de tener miedo a hablar en público suele tomar ventaja la voz previsora que envía mensajes negativos que minan la autoestima de la persona del tipo «no te va a salir, te vas a equivocar, se te va a olvidar, etc.» Para canalizar su acción es importante delegarle a la voz saboteadora el control de la parte física del proceso, por ejemplo, controlar la respiración, dirigir la mirada a la audiencia, controlar el tono de voz, etc., y dejar a la vocecita alentadora la parte cognitiva, la evaluación de lo que se dice, el esquema del discurso, es decir, el

mensaje. De esta manera el orador no da pie al desaliento ante la primera dificultad que se presente.

2. Detecta los mensajes negativos que se crean en tu mente y dales la vuelta. Intenta ver el lado positivo de cualquier situación y haz del defecto una virtud. Puede ser de gran ayuda pensar: ¿qué haría si no tuviera miedo?

3. Envuélvete en una «campana protectora» transparente. Una de las cosas más complicadas a la hora de hablar en público es no sentirse juzgado por aquello que se expresa y las emociones que se transmiten. Imagina que una campana transparente o un arcoíris te protege y te permite expresar todas las emociones de dentro hacia fuera, pero que de fuera hacia dentro solo entra amor.

4. Practica y prepara el momento. Esto te dará tranquilidad y te permitirá centrarte en sensaciones placenteras. Suele ser de gran ayuda visualizar la tarea realizada con éxito. Hazlo de manera previa y en un entorno tranquilo que te permita imaginar detalles de la puesta en escena.

5. Llega al lugar donde tienes que hablar con antelación y prueba cómo suena tu voz en ese espacio, así comprobarás el volumen que debes emplear y cómo suena tu voz en el espacio.

LA DIMENSIÓN MENTAL

Carlos era un buen comunicador que se desenvolvía muy bien en su trabajo, tanto en su trato con clientes como en las reuniones de equipo, en la exposición de nuevos proyectos a los inversores. Lo que hacía extensible a su ocio, pues era el presidente de una asociación cultural y gracias a él tenían una presencia relevante en la ciudad, es decir, estaba acostumbrado a hablar en público y se lo pasaba bien. El reto de Carlos llegó el día en el que le propusieron formar parte de la división internacional de la empresa, ya que debería desplegar todas esas habilidades comunicativas en un idioma distinto. Esto le preocupaba porque sabía que el dominio de la lengua era fundamental para saber matizar el mensaje y emplear la palabra o la expresión adecuada, entender a los demás, etc. Por suerte, la empresa era consciente de que debía mejorar su inglés y le pagó un curso con un nativo. Aun así, él sabía que debía practicar hasta llegar al punto en que casi soñara con el nuevo idioma, así que decidió empezar a ver las películas en inglés, ver vídeos de oradores de otros países y sobre todo a no desaprovechar cada ocasión que tenía de practicar el idioma. Cuando empezó en su nuevo puesto, comprobó que se desenvolvía bien, aunque no estaba a gusto del todo porque al centrar toda su atención en la comprensión del idioma no era capaz de matizar su lenguaje no verbal, su voz sonaba tensa y percibía que la comunicación no fluía. La solución la encontró cuando aprendió a mejorar la construcción de sus mensajes, cuando entendió cómo podía construir un buen discurso para conseguir un determinado objetivo y cuando memorizó los esquemas principales de los discursos.

La voz y el LNV son importantes porque muestran que el orador está conectado con su voz y sus emociones, y esto da sentido y fuerza al mensaje que se quiere transmitir. Si algo nos diferencia de los animales, es la capacidad de hablar y de construir mensajes más o menos complejos que permiten transmitir ideas y pensamientos. Es un tipo de conocimiento que adquirimos sobre todo mediante la práctica e imitación de los modelos del entorno.

Sabemos cuándo un mensaje nos llega y cuándo no sin saber por qué sucede la mayoría de las veces. Es posible manifestar preferencias sin tener el conocimiento técnico de un experto. Por poner un ejemplo: podemos admirar una coreografía o un plato delicioso sin saber muy bien cómo se ha hecho o podemos preferir una tarta de chocolate a una de nata sin saber cómo se elabora, aunque un experto sabría los pasos o los ingredientes que empleamos para lograrlo. Con los buenos discursos sucede lo mismo, la audiencia piensa que es algo espontáneo y natural, pero detrás hay técnica y horas de preparación y ensayo.

En este capítulo se analizará por qué un mensaje es efectivo, qué ingredientes tiene, qué secuencia o estructura emplea para cumplir su fin.

¿Cómo se puede mejorar la competencia lingüística?

El dominio de una lengua se puede incrementar por varias vías poniendo siempre en funcionamiento la atención consciente y separándose del modo automático y sobre todo: ¡practicando!

Actividad
Comienza por el léxico y la gramática

1. Adquiere y amplía tu léxico practicando lo siguiente:

   • Dedica diariamente al menos media hora a la lectura. Esto es esencial para mantener el cerebro entrenado. A ser posible diversifica los temas, primero afines y luego diferentes.

   • Memoriza palabras nuevas y empléalas en diferentes contextos. Se pueden apuntar en notas adhesivas o en una pizarra colocada en un lugar visible (la nevera, el escritorio) y proponte el reto de emplear esas nuevas palabras esa semana.

   • Haz un listado o glosario de palabras por campos semánticos, esto es especialmente útil para hablar de un tema concreto. Por ejemplo, si vas a hablar sobre música, aprende conceptos o palabras que se empleen en ese ámbito. Hay diccionarios semánticos que a través de una imagen completa (un barco, una granja, un avión, alimentos, etc.) muestran las palabras en diferentes idiomas.

2. Para mejorar la gramática te recomiendo:

   • Leer artículos de ensayo o novelas.

   • Leer poesía o escuchar canciones para captar metáforas, símiles, etc.

- Relatar a alguien una noticia o historia contada por otra persona para usar frases subordinadas.

- Narrar unas vacaciones y emplear diferentes tiempos verbales.

A Sofía le encantaba inventar y contar historias y pensaba que lo hacía bastante bien. Un día decidió grabarse mientras le contaba una de sus historias a uno de sus sobrinos, y al escucharse quedó horrorizada porque constantemente empleaba expresiones como: ehhh, vale, bueno, entonces... que molestaban y que conseguían desviar la atención de la historia.

Lo que le pasaba a Sofía le sucede a la mayoría de personas porque las muletillas son palabras o sonidos recurrentes que se emplean en la comunicación de manera inconsciente y que provocan una gran distorsión en la atención del que escucha hasta llegar a ser el foco de atención, en lugar de serlo el mensaje. Son síntoma de falta de recursos verbales y de control en la comunicación.

En el caso de emplear muletillas, el primer paso es ser consciente de ellas y para ello es muy útil, tal y como hizo Sofía, grabarse en diferentes momentos y analizar la frecuencia y el tipo de expresiones. El contexto también es importante. Empieza escuchando los mensajes de audio que has enviado a través del teléfono móvil y analízalos. Si haces una ponencia, grábala en audio y a ser posible en vídeo, escucha con atención e identifica las palabras o sonidos a los que recurres para pensar o ganar tiempo.

Una vez enfocada la atención a esos momentos hay varias acciones que puedes hacer durante tu exposición:

1. **Detenerte** para pensar en silencio, en lugar de rellenar el espacio con sonido. El silencio tiene un efecto poderoso porque permite al interlocutor pensar en lo que se acaba de decir. Esto es especialmente importante si se alargan las vocales finales o se rellena el tiempo con: eeeh, aaaah, mmmm...

2. **Aprender nuevas expresiones** de conexión del discurso y evitar decir de manera recurrente: vale, bueno, entendido, okey... Puedes sustituir esta muletillas por conectores como: además, por consiguiente, de la misma manera, según lo explicado, tomando en consideración, ¿alguna pregunta?...

3. **Si pierdes el hilo**, puedes hacer una respiración consciente, centrar tu mente, retomar el final de la frase anterior y emplear un tono de voz más enfático en la nueva frase, o también lanzar una pregunta a la audiencia.

4. **Lee, lee y lee.** Aumenta tu vocabulario, di una misma frase de diferentes maneras, explica un mismo concepto desde varios puntos de vista.

Los objetivos de la comunicación

La primera cuestión que ha de responderse un buen comunicador es: ¿cuál es el objetivo de mi interacción? Todo mensaje tiene como mínimo un objetivo o una pretensión y en función de este se emplearán unos recursos u otros al elaborar el mensaje. Estos objetivos son:

1. **Informar:** consiste en transmitir información veraz acorde a la realidad, de una manera más o menos estructurada y considerando el nivel de credibilidad de la fuente. Por ejemplo, un manual de instrucciones de una televisión, un tutorial de YouTube, un documental sobre las ballenas, una presentación de los resultados de la empresa a los accionistas, la exposición de una investigación en un congreso, la nota informativa sobre las cosas que deben llevar los alumnos a una excursión, etc.

2. **Interpretar:** consiste en generar una opinión en cuanto a un tema teniendo en cuenta los datos proporcionados y las opiniones o informaciones que se poseían previamente, es decir, se trata de reelaborar la información con el filtro personal. Se interpreta la información cuando al presentar los resultados de la empresa a los accionistas estos deciden aprobarlos o no, o en los medios de comunicación cuando un periodista ofrece una opinión sobre los hechos narrados, etc.

3. **Argumentar:** consiste en proporcionar información adicional estructurada a favor o en contra de un hecho. Argumentan los políticos cuando los periodistas les preguntan sobre un tema; o los tertulianos cuando ofrecen distintas visiones de un mismo tema; o los asistentes a un congreso cuando ofrecen argumentos a favor o en contra de los resultados de una investigación.

4. **Persuadir:** consiste en convencer al interlocutor de una idea o acción a tomar. Una de las cuestiones que se plantea en este aspecto es el límite entre persuasión y manipulación. Hoy en día esta frontera parece borrarse, para el lector apuntaré que esta frontera se encuentra en la ética. Un padre persuade a su hijo cuando le habla de los beneficios de bañarse o de comer fruta; un profesor persuade a sus alumnos cuando les anima a hacer una actividad; un orador persuade a la audiencia cuando tras exponer un tema les invita a colaborar con una determinada causa. La persuasión es como el dinero, en sí no es bueno ni malo, todo depende de para qué se emplea. La cuestión es que en la sociedad en la que vivimos la persuasión se emplea en muchas ocasiones sin límites para vender más, para ganar un puñado de votos, etc., empleando la información de manera sesgada. Es preciso que el comunicador sepa que la persuasión es algo cotidiano y que para liderar la comunicación hay que hacer un buen uso de ella: «un mayor poder implica una mayor responsabilidad» y esta lleva implícita unos valores éticos.

¿Cómo conectar con la audiencia?

Una vez se sabe cuál es el objetivo de la comunicación, es preciso saber qué hay que hacer para que la audiencia esté receptiva al mensaje, es decir, conectar con las personas que escuchan. La persona que sabe generar el clima necesario para que le presten atención tiene la mitad del trabajo hecho.

El orador tiene la responsabilidad de producir esta empatía a través de su presencia, su voz y la manera en que emplea el lenguaje. Como regla general es preciso generar acuerdos o «síes mentales» con las personas que escuchan, sobre todo al principio de la intervención. Cuando las personas sienten que tienen puntos en común con quien les habla, se relajan y están más receptivos a mostrar acuerdo en aquello que desconocen o que no habían razonado previamente. Para ello el orador debe comprender que la audiencia puede ser más racional o más emocional. Hay personas a las que se llega con argumentos, datos científicos, estudios y, en definitiva, por el razonamiento lógico; en cambio, hay otras que necesitan que el mensaje conecte con sus emociones para comprenderlo o asimilarlo; son aquellas que necesitan ejemplos, historias y anécdotas para comprender determinados conceptos. El orador inteligente apelará a la razón y a la emoción de manera alternativa.

Además la audiencia puede tener una predominancia a la hora de captar estímulos auditivos, visuales, cinestésicos, es decir, en función de qué sistema perceptivo tiene más estimulado recibirá mejor la información y comprenderá mejor el mensaje. Esto es especialmente importante para los docentes, cuya labor es que los alumnos aprendan de la mejor manera. Para ello es aconsejable incluir en la exposición materiales audiovisuales, ejercicios que permitan el movimiento y la práctica, y no basarse solo en el lenguaje verbal, es decir, al modo del profesor que habla todo el tiempo. Un modelo este de clase magistral que está actualmente en desuso porque se ha demostrado ineficaz, sobre todo en edades tempranas. En resumen, a más sentidos implicados en la comunicación mayor tasa de conexión con la audiencia. Cuando un profesor emplea una canción, moviliza a los alumnos pidiéndoles, por ejemplo, que le den la mano a la persona que tienen a su derecha, o pone un ejemplo mediante un vídeo, cuenta una historia, pide opinión, etc. Esto conecta con la mayoría y genera en las mentes que le atienden mayor número de «síes mentales» y, por tanto, mayor tasa de retención de la información.

El comunicador debería huir de los juicios de valor hechos de manera explícita porque ese es terreno minado, ya que en el momento en que se adopta una posición rígida se corre el riesgo de que parte de la audiencia se cierre por estar en contra. Por ejemplo, si el orador dice que no le gusta el fútbol, o que las personas que comen solo verdura o solo carne o solo refrescos o solo helados no están bien de la cabeza... Los juicios y las valoraciones se han de poner sobre los hombros de los espectadores.

Finalmente, y para conectar, es necesario saber que entre lo que una persona quiere decir, lo que dice realmente, lo que el que escucha entiende y lo que el que escucha interpreta puede haber un universo entero. Antes de hablar se debe reflexionar sobre la distancia entre lo que se quiere decir y lo que entienden los demás y para ello es importante no correr demasiados riesgos y emplear, como regla general, un lenguaje claro y directo, que no dé pie a diferentes interpretaciones. Por ejemplo, si la idea que se quiere transmitir es «el deporte es bueno para la salud», no es lo mismo decir: «el deporte es bueno para la salud» de manera directa que: «las personas que practican deporte se sienten mejor y mejoran su coordinación, su equilibrio y su fuerza», la segunda frase también es cierta pero la primera es más directa y más explícita. La primera frase no da pie a diferentes interpretaciones, la segunda sí porque no se habla de manera directa de los efectos del deporte sobre la salud sino que incide en la mejora de cualidades físicas y no siempre la audiencia deducirá los efectos sobre la salud.

Ideas principales. Menos es más

A la hora de elaborar un discurso, una conferencia, una clase o una presentación es importante saber centrar el tema y concentrarlo en una única idea clave. El mensaje o la idea que se desea transmitir se debería poder resumir en una sola frase, por ejemplo: «los beneficios de la educación para la paz». Es una idea principal y lo suficientemente fuerte que permita elaborar un discurso con los siguientes objetivos aislados o conjuntos:

- Informar de que aquellas sociedades que valoran la paz son más prósperas y tienen ciudadanos más felices.

- Interpretar los resultados macroeconómicos, de escolarización, número de empresas, sistema de salud, etc. de los países en paz y en guerra para poder realizar una comparación.

- Argumentar el porqué de la diferencia entre esos datos en unos países y en otros, qué hacen unos y otros y cómo se puede vislumbrar que la paz y la estabilidad son factores clave para que las sociedades sean prósperas.

- Persuadir a los gobernantes y a la sociedad en general (escuela, empresas, familias, medios de comunicación, etc.) de trabajar activamente a favor de la paz y la resolución pacífica de los conflictos.

El público asimilará una media de 3 a 5 conceptos, por lo tanto, se ha de fomentar que se queden con lo esencial y no dispersarse en detalles o en un exceso de información adicional.

Después de decidir el objetivo del discurso, se recomienda hacer una lluvia de ideas sobre argumentos a emplear y, posteriormente, seleccionar de 3 a 5 de ellos, los de más peso, para desarrollarlos en profundidad con: datos, conceptos, ejemplos, estudios, citas, anécdotas, etc.

Puede ser de gran utilidad hacer un esquema, un mapa conceptual o unas fichas que incluyan los puntos principales, datos o estadísticas. En el siguiente mapa conceptual se exponen cuatro ideas para un discurso cuyo objetivo es informar de los beneficios de educar para la paz.

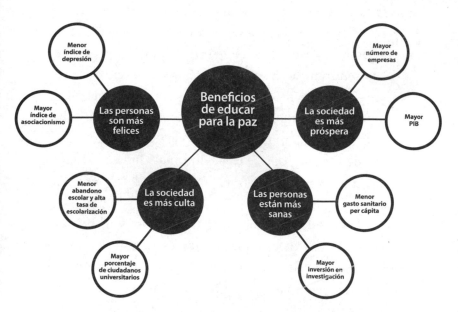

Mapa conceptual 5. *Mapa conceptual de elaboración de un discurso.*

¿Hablar y pensar o pensar y hablar?

Se habla como se piensa, se razona y se siente. Una persona con ideas claras emplea un lenguaje directo y ordenado y esto es fruto de un determinado procesamiento mental. La capacidad de sintetizar o aportar ideas proviene de una mente ordenada y centrada, un pensamiento regido por la mente arriba-abajo y que contrasta con el que está controlado por la mente abajo-arriba y que genera respuestas impulsivas y pensamientos superficiales o poco reflexivos. Es a lo que habitualmente se refieren expresiones cotidianas como «pensar antes de hablar», «decir lo que se piensa», «hablar y luego pensar» o «pensar lo que se dice».

Una gran parte de los problemas en la comunicación está en que la mayoría de las personas están en el modo impulsivo o reactivo, es decir, hablan y después piensan. Esa falta de reflexión hace que digan lo primero que les viene a la cabeza para que no parezca que no tienen criterio u opinión. Parece que contestar con un simple «no lo sé», «lo tendría que pensar» o «déjame que lo consulte» deja a la persona, inconscientemente, en una posición de incompetencia frente al interlocutor. Si se reflexiona sobre esto y se abandona por un momento la necesidad de tener razón o de saberlo todo se frena automáticamente la reactividad que impide pensar y, por tanto, de ordenar las ideas antes de hablar.

Otra cuestión que hace que las personas respondan de manera irreflexiva es que cuando escuchan están pensando en lo que ellos quieren decir y no realizan una escucha activa y empática, y así es imposible tener un diálogo sensato y equilibrado. Uno no debe comunicarse para defenderse y restar sino para sumar. Entablar una conversación en el paradigma «todos ganan» es siempre la mejor opción.

La capacidad de síntesis

Existen personas que no han aprendido a sintetizar las ideas, es decir, extraer lo fundamental de lo superfluo y a expresarse con pocas palabras. Un ejemplo claro está en la forma de contar las vacaciones. Hay personas que explican: «En Roma fuimos a ver la Fontana di Trevi y comimos unas pizzas estupendas» y otras que cuentan la misma historia de la siguiente manera porque están haciendo un repaso temporal de los hechos: «Llegamos a Roma, tuvimos que coger dos metros y caminar media hora por la ciudad, no la encontramos con facilidad pero al final llegamos a la Fontana di Trevi, eso sí, había tanta gente que casi no pudimos hacernos la foto. Y luego, para comer, nos costó encontrar un sitio. Finalmente fuimos a una pizzería que servían pasta, carne, ensaladas y *pizzas*. Nosotros decidimos comer *pizza* y estaba muy buena».

Por regla general, se tiende a emplear muchas palabras para comunicar con los demás, por eso mejorar la capacidad de síntesis de un mensaje es fundamental para liderar la comunicación. Si en lugar de emplear tres frases para decir algo, se emplea una con fuerza, existirán menos posibilidades de malas interpretaciones y distracciones.

Esta cuestión es especialmente relevante cuando se dispone de poco tiempo para exponer las ideas, como una reunión de varias personas que tienen que aportar información o en un debate. He visto en numerosas ocasiones cómo los ponentes dejaban en el tintero la parte más interesante de su conferencia por no saber sintetizar el discurso, y eventos en los que tenían que hablar varias personas y el moderador no paraba de pedir a todos los participantes brevedad en su exposición sin obtener resultado alguno. Estoy segura de que esas personas al hablar pensaban que estaban siendo breves. Un buen comunicador debe saber diferenciar entre lo importante y lo superfluo y saber de qué puede prescindir en estos casos. Y para ello necesita estructura.

La estructura

Dotar a los mensajes de estructura y coherencia permitirá al comunicador evitar interrupciones y distracciones propias y de la audiencia. También transmitir el mensaje, aunque prescinda de alguna de las partes.

Todo mensaje debería tener la siguiente macroestructura.

Ilustración 13. Imagen estructura discurso.

El principio de prevalencia establece que las personas tienden a recordar mejor el principio y el final de una serie. En un concierto se recuerda más la canción de inicio y la del final; en un concurso se recuerda más al primer participante que al último; esta es la razón por la que se ha de prestar especial atención al inicio y al final de la intervención. La mayoría de las personas puede recordar un comienzo de discurso memorable y un final épico, pero si preguntas qué argumentos se emplearon seguramente pocos los recordarán todos.

En oratoria a este comienzo para atraer la atención de los oyentes se le llama «**exordio**», es el momento de presentar la idea o la cuestión principal del mensaje de manera directa, original, concisa y es el momento de generar una primera impresión en los oyentes. Las personas tardan 30 segundos en hacer una evaluación de otra porque es su mente abajo-arriba la que toma la decisión de si le gusta o no, si le parece confiable o no o si merece la pena prestar atención o no. Por lo tanto, es en ese tiempo cuando se puede ganar o perder mentalmente al auditorio. Tener una buena actitud mental y corporal, segura, tranquila y sonriente ayudará a que esa primera impresión sea positiva.

Lo más importante en el comienzo es ir al grano, no justificarse, ni adelantar información. Si alguien presenta al conferenciante, hay que asegurarse de que sea breve, no más de un minuto, y que diga lo que es de interés para el auditorio. Se puede llevar o enviar una pequeña ficha de presentación al efecto, por si acaso el presentador no sabe muy bien qué resaltar del ponente.

Es importante no evaluar u opinar sobre los oradores anteriores. No menospreciarse o hablar negativamente de uno mismo, es decir, se debe emplear un lenguaje y pensamiento positivo, y evitar contar cómo se ha llegado hasta allí.

Hay que ser consciente de que se ha de conservar el control psicológico y emocional de la situación, por ello se debe encontrar el momento en que el auditorio está preparado para escuchar: cuando todo el mundo esté sentado, en silencio, con sistema de amplificación, si lo hay, en correcto funcionamiento, las luces de la tarima adecuadas, el proyector y todo lo necesario.

En estos primeros momentos hay que prestar especial atención al control del lenguaje verbal (evitar las muletillas: pues, bueno, vale, ehhh, bien...) y no verbal (tics y gestos adaptativos: tocarse el pelo, traquetear la mano, balancearse, etc.).

La parte central del discurso, el «desarrollo», es donde se ofrece el grueso de la información, donde se argumenta la idea principal, donde se ha de alcanzar el objetivo del discurso y se lleva a la audiencia mentalmente a las conclusiones y al cierre del mismo.

En oratoria al final se le llama «**peroración**» y es un momento importante porque es *cuando* se ha de poner sobre los hombros de la audiencia el mensaje con el fin de proyectar hacia el futuro una acción o un deseo, estimular emocionalmente para movilizar y si es con la ayuda de una imagen mental o una metáfora, mejor que mejor. No es simplemente una conclusión, debe ser además llamada a la acción o a la reflexión. Antes de la conclusión, del cierre del discurso, es necesario hacer una breve pausa, un silencio controlado, sonreír y cerrar con decisión con la idea principal del discurso.

Tipos de discursos

Lo más importante a la hora de hacer un buen discurso es pensar en la finalidad, a quién va dirigido y cuál es el objetivo del mismo, además de respetar la estructura general descrita en el apartado anterior.

Aristóteles estableció tres tipos de discursos en función del objetivo que se deseaba lograr:

1. **El discurso *logos*:** es estructurado, pretende ofrecer argumentos y apela a la razón y a la lógica. Por otra parte, es informativo y pretende ofrecer datos que justifiquen la proposición o la idea principal. Si se imagina un templo griego la parte superior sería el exordio, las columnas serían los argumentos y la parte inferior sería la peroración o conclusión. Es un discurso que apela a la razón y emplea argumentos lógicos y veraces, datos, estudios, estadísticas, etc.

Exordio - Inicio

Desarrollo

Peroración - Conclusión

Ilustración 14. Imagen discurso logos.

2. **El discurso *pathos*:** busca movilizar a la audiencia a través de la emoción. Su estructura básica es una narración de los hechos con el esquema: pasado-presente-futuro.

De manera que se centra en una historia que pretende ilustrar el mensaje central del discurso y que permite proyectar la emoción en el tiempo.

Ilustración 15. Imagen discurso pathos.

3. *El discurso ethos*: es el que emplea tanto argumentos objetivos como el poder de la emoción, es decir, busca un equilibrio entre razón y emoción y, por tanto, puede tener una estructura más abierta. Es de gran ayuda pensar en la estructura del discurso logos y pensar en historias que ejemplifiquen las ideas centrales y que acompañen a los datos objetivos.

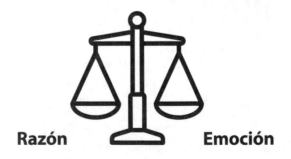

Ilustración 16. Imagen discurso ethos.

El punto X

El punto X en un discurso es siempre un momento de conexión con la audiencia y puede ser creado de varias maneras e introducido en las diferentes partes del discurso. Es el momento en el que se genera afinidad y acuerdo, los anteriormente llamados «síes mentales». Para entenderlo fácilmente: si se cuenta con muchos síes, es más fácil que acepten aquello que se les va a decir. Algunos ejemplos son:

A través de un gesto o movimiento: el orador pide que todos aplaudan o que realicen una acción: levantarse, sentarse, girarse hacia un lado, tocar el hombro de la persona de su derecha, levantar una mano, bailar, etc.

A través de una pregunta a la que todos deben responder con un sí rotundo: es importante plantearla en positivo. Por ejemplo: ¿quién tiene ganas de irse de vacaciones? ¿Quién quiere un billete de cincuenta euros? ¿Quién quiere un boleto de lotería premiado? Si el orador desea valorar el grado de implicación de los asistentes, puede pedir que levanten la mano y al que no lo haga hacer que la levante. A más sentidos implicados en la interacción con la audiencia mayor efecto del punto X.

A través de la voz: por ejemplo, el orador pide una respuesta en bloque, que canten, que den un grito de alegría, etc.

Para que el punto X sea efectivo es importante que toda la audiencia participe. Con esta implicación a petición del orador, se genera confianza sobre este y sobre el mensaje que está transmitiendo.

El punto X es una herramienta para volver a captar la atención de la audiencia cuando el orador note que decae, a través de la interpretación del lenguaje no verbal. Es especialmente importante para los docentes y personas que trabajan con niños y adolescentes, puesto que estos no son capaces de mantener una atención sostenida más allá de unos minutos, tiempo que se va incrementando con la edad. A menor edad, menor capacidad de atención, y siempre dependiendo de si existen fuertes distracciones, mayor o menor motivación, vinculación emocional con la tarea, grado de novedad o rutina que supone. **La capacidad máxima de concentración va variando a lo largo de la vida,** ya sea por desarrollo evolutivo o bien por aspectos ambientales o adquiridos.

Edad	Tiempo de atención
3 años	Aparece la atención voluntaria
4 años	8-20 min
5 años	10-25 min
6 años	12-30 min
7 años	12-35 min
A partir de 8	16-40 min

Tabla 2. Tiempo de atención por edades.

Los buenos docentes y oradores son capaces de detectar el descenso en la atención para reconducirla mediante diferentes estrategias y acciones, como mirar detenidamente, sonreír, contar una historia o una anécdota, movilizar físicamente a los interlocutores, cambiar de actividad, todo ello son puntos X.

Tercera parte:
La voz como elemento para destacarte

RUTINAS PARA LLEVAR TU VOZ AL SIGUIENTE NIVEL

Una vez conocidas y entendidas las tres dimensiones que tiene la voz, y sabiendo que es el reflejo del estado físico y psicológico de la persona, es importante adquirir estrategias y rutinas para mantenerla en buen estado, potenciarla y hacer un uso completo y eficaz de la misma de manera cotidiana.

Teo era un locutor y presentador de radio y televisión que había trabajado intensamente durante años. Aun así, su voz era para él un misterio, una caja negra que no sabía a ciencia cierta cómo funcionaba ni cómo iba a estar cada día. Era consciente de que debía cuidarla y tenía que descansar, pero le frustraba no ser consciente de qué debía hacer cuando el equilibrio se rompía. Decidió acudir a mi estudio y, en primer lugar, le expliqué los principios científicos del funcionamiento de su voz y, posteriormente, le propuse ejercicios para trabajarla y ejercitarla. Al poco tiempo de practicar notó que su voz sonaba mejor, con más empaque, pero sobre todo, el desasosiego que la ignorancia le provocaba desapareció porque cada día que entraba en un estudio o plató realizaba su calentamiento vocal y sabía perfectamente que la voz no le traicionaría. Una vez entendió cómo podía mantener su voz a pleno rendimiento, sus oportunidades profesionales se incrementaron exponencialmente y hasta sus compañeros alababan la belleza de su voz.

Algunas de las pautas que siguió son las descritas en este capítulo. Cuando Teo entendió que podía implementar de manera habitual ciertas acciones y rutinas y que eso mantenía su voz «en forma» fue infalible e imparable.

Adquirir nuevos hábitos y cambiar requiere varios ingredientes, uno es la voluntad de mejorar, el segundo es la constancia y el tercero es saber qué camino recorrer. Si has leído este libro, es porque hay algo en ti que te dice que puedes mejorar, ahora toca ponerse manos a la obra y buscar los momentos en los que puedes practicar.

Mi experiencia me dice que si no somos capaces de integrar los nuevos aprendizajes en nuestra vida cotidiana es difícil el cambio, por eso encontrarás ahora un plan que puedes adaptar a tus actividades diarias. Si tienes que crear un nuevo espacio para mejorar no lo lograrás, la fuerza de los hábitos antiguos será demasiado fuerte. Una pequeña acción repetida durante el tiempo es como la gota de agua que perfora la piedra y que provoca el cambio.

Puedes plantearte el reto de hacer una de las acciones que te propongo por semana, la que consideres más necesaria o la que te guste más, a partir de ahí puedes ir añadiendo. Te recomiendo que lleves un diario o apuntes en la agenda aquella acción que vas a llevar a lo largo de un periodo de tiempo (una semana, un mes...).

Rutina física

Estas son algunas acciones que puedes hacer en diferentes momentos del día:

- Cuando te despiertes estira tu cuerpo, bosteza con amplitud, masajea tu cuello, tu mandíbula y tu cara mientras te aplicas una crema, y suspira.

- Cuando estés en el baño, canta, silba, haz sirenas con la [r], aprovecha para respirar el vaho que desprende la ducha (hidratarás tus cuerdas vocales).

- Mientras caminas, vas en el autobús o haces una pausa, puedes soplar y poco a poco conseguir ese flujo de aire fino, frío y continuo, así como tomar conciencia de tu respiración.

- Cuando estés bebiendo sopla con una pajita y haz burbujas continuas y pequeñas, repítelo varias veces. De hecho, siempre aconsejo llevar una pajita en el bolso, el maletín o la chaqueta.

- Si tienes niños a tu alrededor, aprovecha para imitar sonidos de animales, cantar, silbar, hacer muecas y estirar el cuerpo.

- A los niños les encantan las pompas de jabón, aprovecha para retarlos a hacer pompas grandes y pasar un rato divertido.

- Si vas solo en el coche, aprovecha para soplar, silbar, tararear o cantar una canción.

- Hidrátate: ¡bebe agua! Y si no tienes agua, aprieta la lengua contra el paladar duro, esto hará que segregues saliva y puedas hidratarte con tu propia saliva. Puedes descargarte una aplicación destinada a ello para que te recuerde que tienes que beber en el intervalo de tiempo que tú programes.

- Si tienes que hablar varias horas durante el día: tómate cinco minutos para respirar por la pajita, hacer sirenas y mantener sonidos a través de la misma. Todo tu sistema fonatorio se activará. Este ejercicio pone a punto tu respiración, tus cuerdas vocales y tus espacios de resonancia. Es especialmente importante en el caso de docentes y actores, cuya profesión les exige un uso muy variado e intensivo de su voz proyectada.

- Lee en voz alta, es una costumbre que se ha perdido y es esencial para mejorar la dicción y la entonación, así como para automatizar la respiración.

- Practica los ejercicios del capítulo 3 sobre cómo ejercitar la voz (postura, respiración, emisión, resonancia y articulación).

- Mantén buenas rutinas de sueño y descanso, son esenciales para la voz.

- Sigue una alimentación equilibrada y procura irte a dormir con la digestión hecha. Muchos problemas de voz se deben al reflujo gastroesofágico, los ácidos del estómago dañan la capa de moco que recubre las cuerdas vocales y hacen que la persona se levante con la voz ronca. Es frecuente en aquellas personas que trabajan por la tarde, llegan tarde a casa, cenan mucho porque tienen bastante hambre y se acuestan pronto; siempre aconsejo que merienden para no llegar con tanta hambre y poder cenar más ligero.

- Evita los picantes o las comidas copiosas antes de tener que hablar. Las digestiones pesadas no son amigas de la voz.

- Haz deporte (andar, montar en bicicleta, nadar, pilates, yoga, etc.), mantener el cuerpo y la musculatura tonificada favorece el control postural y el buen funcionamiento de la voz.

Rutina emocional

- Por la noche, si hay demasiados pensamientos ocupando tu mente antes de acostarte, escríbelos en una libreta y después, piensa en tres cosas positivas del día y agradece todo lo que tienes en ese momento. Después, visualiza perfectamente realizados los principales retos del día siguiente.

- Al levantarte toma conciencia de tu respiración, encadena tres respiraciones y piensa que te espera un gran día y que vas a tener la fuerza y la energía necesarias para afrontarlo.

- Etiqueta tu estado emocional, alegre, triste, preocupado, ilusionado... varias veces al día. La toma de conciencia es fundamental para mejorar. Si pasan los días y las etiquetas siguen igual, haz cambios, piensa en aquello que te hace sentir bien y te genera felicidad y aumenta la dosis.

- Las prisas son muy amigas del estrés, así que si tienes demasiado estrés empieza a levantarte un poco antes y a otorgar más tiempo a las tareas que debes realizar. Si así acabas antes, tendrás tiempo para hacer algo más o simplemente darte un respiro.

- El descanso es fundamental para la voz, así que intenta descansar las horas que necesites y busca estrategias para serenarte y calmarte.

- Practica mindfullness. Acostúmbrate a centrar tu atención a través de la respiración en cualquier momento y lugar. Cada vez que tus pensamientos se alejen de tu respiración condúcelos de nuevo a ella. Mejorará tu autoconsciencia y autocontrol y, por tanto, tu inteligencia emocional.

- Aumenta en tu día a día las cosas que te hacen feliz: leer, hacer deporte, cocinar, escuchar música, pintar, escribir, quedar con los amigos, llamar a tus seres queridos, viajar... El estado de flujo es necesario para sentirse pleno y feliz.

* Si tienes que hablar en público: grábate, observa tu postura y tu lenguaje corporal. Si aparecen pensamientos invalidantes transfórmalos a través de las afirmaciones. Recuerda que estas son frases formuladas en positivo, es decir, debes decir: «Voy a recordar todo lo que tengo que decir», en lugar de «No me voy a olvidar».

* Al hablar en público piensa en un orador carismático, repasa las características que le hacen único y que te gustaría emular. Cuando pronuncies tu conferencia o discurso piensa en hacerlo a la manera del orador que quieres emular.

* Practica los ejercicios del capítulo 4 para incrementar tu inteligencia emocional y tu control de la voz.

Rutina mental

¿Qué lenguaje empleas cotidianamente? ¿Usas demasiados imperativos? ¿Te saboteas antes de hacer algo? Para realizar una comunicación efectiva debes saber qué aspectos de tu discurso interno y de tu lenguaje no funcionan. Tu manera de hablar es un reflejo de tu manera de pensar, grábate y obsérvate.

* ¿Utilizas muletillas? Deja de hablar y emplea ese espacio de sonido que ocupan para pensar y, sobre todo,

para respirar. Al principio te costará, pero poco a poco controlarás esos momentos.

- ¿Hablas demasiado rápido? Pregúntate por qué, quizá pienses que no te va a dar tiempo a decir todo lo que deseas; en ese caso, sintetiza las ideas. O a lo mejor tienes miedo de que te interrumpan, en cuyo caso he de decirte que, generalmente, las personas interrumpen porque desconectan del mensaje que están escuchando o consideran que ya han escuchado suficiente. ¿Tienes miedo a que no se te entienda, se aburran o te ignoren? Una vez más sintetiza, estructura las ideas y ve al grano. Hablar pausadamente, permitiendo que la audiencia respire y piense, es fundamental para que su atención no se disperse.

- ¿Te vas por las ramas cuando vas a explicar algo? Una vez más aprende a sintetizar tus mensajes, estructúralos, enriquécelos, recuerda: menos es más. Eso te ayudará a mantener el foco de atención sobre el mensaje.

Mejorar tus capacidades para hablar en público pasa por aumentar tu competencia lingüística en el idioma en el que hablas, para ello es fundamental la práctica, pero también la lectura. Las personas que tienen el hábito de la lectura poseen un mayor vocabulario y dominio de la lengua. Reserva momentos de cada día para leer temas de tu interés. Pregunta a tus conocidos qué leen, cuáles son sus libros favoritos, cuáles son aquellos que les han inspirado.

Aprende de los mejores, hoy en día tenemos al alcance de un clic un sinfín de ejemplos de buenos discursos y conferencias. Te aconsejo, si no lo conoces ya, que busques las conferencias TED y TEDx. Hay verdaderas obras maestras de la oratoria en las que se pueden analizar todos los aspectos que se han explicado en este libro: voz, lenguaje no verbal, gestión de las emociones, conexión con la audiencia, elaboración de discursos. Aprende a verlas con mirada analítica y serán una gran fuente de inspiración.

• Ve algunas películas como: *El discurso del rey*, *El club de los poetas muertos*, *El indomable Will Hunting*, *Braveheart*, *Algunos hombres buenos*, *La lengua de las mariposas*, *Coach Carter*, *En busca de la felicidad*, *El padrino*, *Martín (Hache)*...

• Prepara, prepara y prepara lo que vas a decir. A mayor longitud del discurso, mayor preparación.

• Practica los ejercicios del capítulo 5, sobre cómo sintetizar ideas, estructurar un discurso, conectar con la audiencia y no desaproveches las ocasiones para mejorar.

GRABARSE Y MEDIR

Grabarse es esencial en el proceso de mejora porque se puede atender tanto a los aspectos relacionados con la voz como con la elaboración de los discursos. La posibilidad de hacer una escucha selectiva, es decir, prestar atención cada vez a diferentes aspectos es importantísimo.

Los progresos se producen cuando sabes en qué centrar su atención para mejorar y eres capaz de cuantificar sus progresos. Una vez conozcas los diferentes principios de la voz y su repercusión en la voz hablada, puedes empezar a mejorarlos progresivamente y a aprender a discriminar los pequeños progresos a través de una grabación. Por ejemplo, si hablas demasiado rápido, al grabarte presta atención a cómo realizas las pausas. Te será de gran ayuda realizar ejercicios de respiración y ponerlos en práctica durante unas semanas. Si cuando vuelvas a grabarte tus respiraciones son más pausadas, habrás conseguido tu objetivo.

Lo más importante al grabarte es entender que los demás escuchan la voz que nosotros escuchamos en la grabación, aunque tú la sientas como extraña. Esto es debido a que la escuchas sin el componente óseo. Es decir, cuando hablamos, nuestro oído capta el sonido de nuestra voz por la vía aérea y por la vía ósea, captando la vibración que incide en nuestras cavidades de resonancia. Esta es la razón por la que las personas se contrarían cuando escuchan su propia voz grabada, porque no suena igual.

En una grabación se puede dirigir la atención a cada uno de los factores que afectan a la voz y a la comunicación. De esta manera, cuando se escucha, se puede prestar atención cada vez que se reproduce la grabación a uno de estos aspectos: ritmo del habla (rápido-lento); muletillas; silencios; entonación; articulación de las palabras: emoción; estructura del discurso, etc.

Actividad
Ejercita tu voz

---

1. Lee en voz alta prestando atención a: las pausas, la respiración, el volumen, la variación del tono.

2. Cuenta cuentos aumentando la flexibilidad del tono, volumen, ritmo...

3. Imita voces, prueba diferentes posiciones de la lengua, la mandíbula...

4. Recita poesías.

5. Canta canciones conocidas y que sean cómodas de cantar.

CONSEJOS PARA LA PUESTA EN ESCENA

Cuando uno acepta dar una conferencia o un discurso, empieza a dar clases o a dirigir un equipo profesional ha de tener en cuenta una serie de aspectos que tiene que ver con el entorno, con la puesta en escena, con cómo se va a servir esa información. De nada sirve haber hecho todo el trabajo anterior si no se tienen en cuenta las siguientes consideraciones:

1. **Sobre el tiempo.** Es importante ensayar el discurso y cronometrarlo para saber si se ajusta al tiempo dis-

ponible. No hay nada más torpe que saber que uno se pasa de tiempo y aun así no poner remedio sintetizando, acortando o modificando alguna parte del discurso. Cuando se ensaye, es importante observar a qué punto del discurso se ha llegado cuando haya transcurrido la mitad del tiempo, así se tendrá una referencia mental sobre el tiempo restante en caso de no disponer de un reloj. También se puede pedir a alguien que avise cuando queden 10 y 5 minutos para poder llegar a las conclusiones de manera tranquila. Es preciso tener en mente la conclusión para no dejar incompleta la exposición y sobre todo ejercitar la capacidad de síntesis.

2. **No leer.** Si se quiere conectar con la audiencia hay que olvidarse, en general, de leer. Cuando se lee, como en la mayoría de las ocasiones no hay un entrenamiento de esa lectura, la voz se presenta monótona, acelerada y con pocas pausas y con falta de emoción. La atención del emisor no ha de quedarse atrapada en el papel, es preciso comunicar con la mirada, los gestos y sobre todo con una voz atractiva. Las excepciones a esto son: cifras, citas o definiciones que han de decirse palabra por palabra y que pueden llevarse anotadas o en una diapositiva. Tampoco es aconsejable escribir el discurso y luego memorizarlo porque generalmente no hablamos como escribimos. Es más interesante trabajar con esquemas, mapas mentales, ideas clave y estructura del discurso fáciles de recordar y memorizar y después contarlo con normalidad.

3. **Memorizar.** Existen varios tipos de memoria: visual, auditiva, cinestésica, etc., y en cada persona se da la dominancia de alguna de ellas. Saber cuál es nuestra memoria dominante, nos permitirá seleccionar las actividades que nos ayuden a memorizar. Por ejemplo, para una persona visual será aconsejable hacer mapas mentales, esquemas, fotografías; para una más auditiva le será útil grabarse, leer en voz alta, escuchar a otros; para alguien más cinestésico le será de ayuda memorizar gestos y movimientos.

4. **El espacio.** Intenta llegar al lugar de la intervención con antelación, revisa todo lo que necesitas y comprueba que todo funciona adecuadamente (tu presentación, el sonido, el proyector, etc.). Pronuncia unas palabras en voz alta para comprobar el volumen que tendrás que emplear y si la acústica de la sala te ayudará. Acuérdate de tener agua a tu alcance.

5. **Sobre la vestimenta.** La comodidad es esencial para poder centrar la atención en el mensaje y en la audiencia. Si no se estás acostumbrado a llevar corbata o tacones, es mejor no probar ese día. Para aquellos que llevan pendientes, pulseras o el pelo suelto es importante tener en cuenta que si se utiliza algún sistema de amplificación, los roces pueden ser especialmente molestos para la audiencia. Esto es especialmente importante en radio y televisión.

¿QUÉ ES UN USO PROFESIONAL DE LA VOZ?

Un profesional de la voz es aquel que para ejercer su trabajo necesita hacer un uso más o menos intensivo de su voz (más de cuatro horas diarias), por lo que en el caso de padecer algún trastorno vocal podría ver comprometido su quehacer diario.

Alicia trabajaba en el servicio de atención al cliente de una importante empresa de telefonía. Su función consistía en atender el teléfono. En su empresa no solo le exigían ser eficiente, sino también emplear un determinado tono de voz que transmitiera confianza y seguridad. Al principio del día no le costaba, pero con el paso de las horas, su voz se tornaba más monótona, más grave y tendía a hablar más rápido. A través de las puntuaciones que daban los clientes se sabía que una voz fatigada provocaba peores resultados en la misma persona. La fatiga vocal se manifiesta al cabo de las horas si no existe un entrenamiento vocal y unas pautas de higiene vocal. En este caso, los jefes deberían tomar nota y ofrecer a sus empleados cursos de educación vocal.

Carlos era actor y tenía una gran conciencia sobre el cuidado de la voz. Pero ocurrió que el día que tenía que asistir a uno de los castings más importantes de su vida se dio cuenta de que estaba ronco. Un virus le había provocado una disfonía aguda, se sentía muy angustiado y se temía lo peor. Cuando llegó el momento, estaba prácticamente sin voz, de manera que perdió una oportunidad laboral importante.

Estos son solo algunos ejemplos que muestran por qué existe una clasificación en función de la importancia que tiene la voz en determinadas profesiones.

- **NIVEL I. Incluye a profesionales para quienes una ligera perturbación de la voz tiene consecuencias desastrosas.** Es el caso de cantantes y actores, que emplean múltiples recursos vocales y están sometidos a la presión de empresarios y público. Generalmente, en estas profesiones ya existe una conciencia sobre la necesidad de trabajar la voz y cuidarla. Es recomendable que en cuanto noten cualquier alteración acudan a un médico otorrinolaringólogo especializado en voz, el cual podrá valorar el alcance de la perturbación y sus implicaciones. Es fundamental que trabajen regularmente con un entrenador vocal o profesor de canto/voz para adquirir una correcta técnica vocal que les permita ese uso profesional de su voz para infinidad de situaciones.

- **NIVEL II. Incluye a profesionales a los que una disfonía moderada puede afectar a su desempeño laboral.** Es el caso de los sacerdotes, los oradores, los profesores, los teleoperadores, los entrenadores deportivos, los comerciales... En el caso de que se produzca una alteración en la voz que persista más de 15 días deben ser valorados por un médico otorrinolaringólogo que indique la causa del trastorno para que no se cronifique. En estas profesiones es importante recibir formación en cuanto a técnica vocal e higiene y cuidados de la voz que les permita incrementar su competencia vocal y conocer las pautas a seguir cuando se produce una alteración de la misma. Los empresarios y directores de centros educativos y deportivos deben ser conscientes de que si invierten en este tipo de formación, las bajas laborales relacionadas con las patologías de la voz se reducirán exponencialmente.

- **NIVEL III. Incluye a profesionales a los que una disfonía grave les impide ejercer su profesión.** Es el caso de abogados, políticos, recepcionistas, médicos, dependientes o quienes trabajan de cara al público. También es importante para ellos la formación en cuanto a técnica vocal e higiene para minimizar riesgos y reducir bajas laborales.

- **NIVEL IV. Incluye profesionales a los que una alteración de la voz no impide su desempeño laboral.** Aunque sí puede afectar a su vida cotidiana y a su autoestima personal. Puede tratarse de un problema crónico de la voz que debe ser valorado por un médico especialista.

Una vez conocido el grupo en el que uno se encuentra, es importante ponerse manos a la obra y sobre todo entender que la adquisición de una buena técnica vocal será una inversión muy rentable en su desarrollo profesional.

¿QUÉ ES UNA VOZ NORMAL Y QUÉ NO LO ES?

Una vez llegados a este capítulo es muy probable que el lector se plantee si su voz es normal o no. En primer lugar, para poder establecer las cualidades de una voz normal es preciso entender que en su desarrollo influye la edad y el sexo y un contexto social y cultural. Los parámetros de normalidad están íntimamente vinculados al desarrollo hormonal y al crecimiento de la laringe y para establecerlos se comparan los aspectos de tono, volumen, timbre y flexibilidad en la dicción, tal y como se ha explicado. A través de un análisis perceptual de la voz se puede decir que una voz es normal cuando:

- Tiene un timbre agradable, con ausencia de ruido («ruido» es todo aquello que hace que la voz no suene clara, como un exceso de aire, gallos, ronquera, etc.) y con una resonancia rica.

- Emplea un tono o frecuencia fundamental del habla adecuado en función de la edad y el sexo.

- Emplea un volumen aproximado de 30 dB.

- Tiene un ritmo del habla en el que se emplean entre 140 y 180 palabras por minuto.

- Tiene un tiempo máximo de fonación adecuado a la edad y al sexo (véase la tabla 1, pág. 74).

- Es flexible, es decir, existe una adecuada variabilidad de tono y volumen.

- Puede emplear voz conversacional, proyectada y cantada sin dificultad.

Cuando existe un desequilibrio en la voz, el análisis perceptual establece varias categorías en las voces que se salen de la normalidad y que, por tanto, pueden ser trabajadas y mejoradas:

a. *Tensa, dura o constreñida*: voz que se caracteriza por una hiperfonación debida a una tensión excesiva en la laringe. La persona puede sentir picor o dolor en este órgano, se puede observar cómo se contraen los músculos del cuello y se notan las venas del cuello cuando habla. La persona experimenta rigidez en el cuello y en la mandíbula y ello hace que el espacio de resonancia esté reducido. Esta tensión puede hacerle padecer bruxismo (apretar los dientes). En ocasiones, la voz suena oscurecida y tensa. Si existe lesión debe ser rehabilitada por un logopeda, en caso contrario, el trabajo se realizará con un entrenador vocal.

b. *Aérea, soplada o breathly*: voz que se caracteriza por observarse cierto escape de aire debido a que las cuerdas no cierran completamente. Suele coincidir con una falta de tono en la musculatura abdominal y un control ineficiente de la respiración. Es necesario valorar ese escape de aire porque si el índice es /s///z/ <1,4 podría indicar una lesión en la cuerda vocal. En las chicas adolescentes que están cambiando la voz puede aparecer esta cualidad soplada que se conoce como «*mutational gasp*», pues durante su desarrollo las cuerdas les crecen de manera desigual y se produce un escape leve de aire, que no es indicativo de lesión sino de maduración. Al finalizar el crecimiento esta cualidad desaparece.

c. *Ronca o efecto masa*: en este tipo de voces se produce una irregularidad o defecto de vibración por causas diversas: alcohol, tabaco, catarro, fatiga, etc.

d. *Resonancia alterada, voz nasal*: se dan dos situaciones, por un lado, la hipernasalidad cuando el velo del paladar no contacta con la pared posterior y todo se oye nasal, y por otro, la hiponasalidad, cuando no suenan los sonidos nasales m, n, ñ, ng. Es preciso trabajar la musculatura para corregir estos defectos.

e. *Flexibilidad*: la falta de flexibilidad y ductibilidad de la voz puede producir:

o   Voces monocordes o monótonas si hay poca variación del tono y la intensidad.

o   En el extremo opuesto, voces histriónicas o chillonas, con una excesiva variación de tono que producen estridencias.

Las circunstancias que pueden provocar esa falta de flexibilidad son la fatiga, o lo que es lo mismo, la imposibilidad de uso de voz prolongado sin pérdida de timbre normal. El límite de tiempo en el que una voz mantiene estas cualidades son de 80 a 120 min de habla continua, después disminuye la Fo y también la flexibilidad, tornándose la voz más monótona. Otra consecuencia es el carraspeo y la tos por sobrecarga vocal, los problemas de reflujo, los nódulos, las alteraciones de la coordinación fono-respiratoria o el cantar en un rango reducido.

¿CÓMO MANTENER UNA VOZ SANA?

Para cuidar la salud de la voz no solo es preciso conocer aquellos factores que pueden afectar a su estado, sino también hay que incorporar en los hábitos diarios una serie de prácticas que mantengan en forma el aparato fonador, así como unas prácticas de higiene básicas que permitan compensar los posibles desequilibrios que se producen por el uso intensivo de la misma y que prevendrán a la persona de posibles patologías. Al igual que nos lavamos los dientes y nos aseamos, debemos ser conscientes de que hay que salir a la calle con la «voz guapa».

Los síntomas de fatiga en voces normales se aprecian después de estar hablando entre 80 y 120 minutos y se manifiestan en un descenso de la frecuencia fundamental (hablar más grave), sensación de picor en la garganta, sequedad y tensión en el cuello, un aumento de la monotonía (poca variación de tono) y un descenso de la flexibilidad.

Una vez que se observen esos síntomas de disfonía que afectan a la intensidad, al tono o al timbre es preciso realizar un descanso. Si tras el descanso los síntomas persisten, se debe acudir a un profesional sanitario, el médico otorrinolaringólogo, para que examine y paute si se requiere rehabilitación por parte de un logopeda. Si no hay lesión, la persona debe trabajar con un entrenador vocal o profesor de canto/voz.

Factores de riesgo para la voz

La salud de la voz puede verse alterada de diferente forma como consecuencia de algunos factores de riesgo. Estos se agrupan en seis grandes apartados según la causa:

1. **Mal uso vocal:**
   a. Cuando se realiza un esfuerzo al hablar y se siente picor o dolor en la garganta.
   b. Cuando se habla en exceso, demasiado rápido o empleando una frecuencia fundamental inadecuada.
   c. Gritar sin técnica, frecuente entre los entrenadores deportivos.
   d. Toser o carraspear con frecuencia daña la mucosa que recubre las cuerdas y hace que las voces suenen roncas.
   e. Emplear la voz en ambientes ruidosos: es el caso de profesiones como la de cocineros, entrenadores y profesores de baile, en las que puede ser conveniente emplear amplificación.
   f. Cantar habitualmente sin técnica, preparación y calentamiento. También si se alterna la voz hablada con la voz cantada (el caso de los profesores de música).

2. **Conflicto emocional-afectivo:**
   a. Las preocupaciones materiales, económicas o profesionales provocan una cascada de pensamientos negativos que influyen tanto en el lenguaje que se emplea como en el estado emocional de la persona.
   b. Los problemas afectivos, ya sean de pareja o sociales, suelen tener un gran impacto en las emociones y afectan a la voz.
   c. Las personas con un carácter temperamental, agresivo o impulsivo tienen tendencia a hablar rápido y sin pausas, a gritar o a hablar fuerte.
   d. Padecer estrés o ansiedad crónico.
   e. Mantener discusiones y enfados frecuentes.

3. **Factores variados:**
   a. Con respecto al cuerpo, percibir rigidez general o una falta de flexibilidad corporal.
   b. Mantener una postura inadecuada y una mala relación cuello-espalda.
   c. La falta de hidratación.
   d. Sentir agotamiento, cansancio físico o fatiga de manera continuada.
   e. La falta de sueño de calidad: no dormir bien ni durante el tiempo suficiente.
   f. Tener la tendencia a hablar rápido y sin pausas.

4. **Cambios en el organismo:**
   a. Tendencia a padecer resfriados.
   b. Tener un exceso de moco debido a la alergia u otras patologías.
   c. Fumar.
   d. Padecer reflujo gastroesofágico.
   e. Beber alcohol.
   f. Problemas de audición.

5. **Cambios en la lubrificación de las cuerdas vocales:**
   a. Ambientes secos debido al aire acondicionado o la calefacción.
   b. Sequedad de garganta y nariz.
   c. Variaciones bruscas de temperatura.
   d. Contacto habitual con polvo, tiza y disolventes.
   e. Caramelos de menta que cambian la densidad de la saliva.

6. **Factores constitucionales:**
   a. Las mujeres tienen mayor riesgo que los hombres debido a que, en general, hablan más.
   b. Antecedentes de problemas vocales en la familia (defectos imitados).
   c. Tendencia a padecer disfonías por un esquema corporal vocal inadecuado.
   d. Muda de la voz en la adolescencia. Es un periodo de crecimiento y cambio en el que se produce una inestabilidad vocal. Hay que tener mucho cuidado con la voz en este periodo.

Agradecimientos

Me gustaría dedicar este libro a todos aquellos profesionales de la voz hablada que han asistido a mis clases, seminarios y cursos de voz hablada. También quiero reseñar especialmente a mis buenos amigos que siempre me dan lo mejor de sí mismo. La experta en oratoria de alto impacto y fundadora de Arqueros de la Palabra, Maty Tchey, que siempre es una fuente de sabiduría e inspiración. Al presentador de radio y televisión Máximo Pradera, excelente comunicador que con su voz seductora cautiva a crecientes audiencias por su confianza y apoyo. A la catedrática emérita de Administración de Empresas Amparo García por su maravilloso prólogo. Al actor y profesor de interpretación Víctor Antolí, por creer en la importancia de la formación vocal. A la otorrinolaringóloga Irene López Delgado por su compromiso con los profesionales de la voz. A la fisioterapeuta y gran experta en inteligencia corporal Bibiana Badenes. A la jefa del servicio de la Unidad de Medicina de las Artes, Pilar Román. Al coach, escritor y conferenciante internacional Raimón Samsó. Al *influencer* Agustín Manuel Martínez. A la magnífica experta en innovación Purificación Baldoví. Al expresivo actor Noureddine El Attab. Al ilustre poeta y escritor Marcelo Díaz. Al director de

DoFaRadio Enrique Oromendía. Al eminente psicólogo Francisco Martínez. Al experimentado actor y locutor José Asunción Cano. A la infalible abogada Abisai Cruella. Al creador y director de la revista *Primera Fila* Guillermo Názara. Al fantástico logopeda Carlos Vidal Úbeda. A la excelente traductora Alexandra Elzinga. A la directora de la compañía de teatro musical Let's Dance Eva Ausín. Al jefe de ventas de Coca-Cola Ricardo Macho. A la empresaria cultural Yvonne Bacas. Al presidente de AMPE José Luis Nieto. Al productor y vicepresidente de la Sociedad General de Autores Javier Losada. Y, sobre todo, al genial y polifacético Sergio Bulat, un ejemplo de profesionalidad y buen hacer.

Bibliografía

Cuerpo y mente

ALEXANDER, F. M. *La técnica Alexander. El sistema mundialmente reconocido para la coordinación cuerpo-mente.* Paidós, Barcelona.

CONABLE, B. *Cómo aprender la técnica Alexander.* Obelisco, Barcelona.

GARCÍA, R. *Técnica Alexander para músicos.* Robinbook, Barcelona.

GAWAIN, S. *Visualización creativa.* Sirio, Málaga.

PINA, A. y D. *Eficacia mental. Fuentes y recursos de la programación neurolingüística.* Robinbook, Barcelona.

RUIZ PÉREZ, L. M., SÁNCHEZ BAÑUELOS, F. S. *Rendimiento deportivo. Claves para la optimización de los aprendizajes.* Gymnos, Madrid.

Voz

CALAIS-GERMAIN, B. *La respiración. Anatomía para el movimiento. El gesto respiratorio,* Tomo IV. La Liebre de Marzo, Barcelona.

184 LA VOZ SÍ QUE IMPORTA

CALAIS-GERMAIN, B. GERMAIN, F. *Anatomía para la voz.* La Liebre de Marzo, Barcelona.

CORNUT, G. *La voz.* Breviarios, Fondo de Cultura Económica, Madrid.

DIMON, TH. *La voz cantada y hablada.* Gaia, Barcelona.

JACKSON-MENALDI, C. *La voz normal.* Panamericana Médica, Buenos Aires.

MOLINA HURTADO, M. T., FERNÁNDEZ GONZÁLEZ, S., VÁZQUEZ DE LA IGLESIA, F., URRA BARANDIARÁN, A. *Voz del niño.* Rev. Méd. Universidad de Navarra, vol. 50, N.º 3, pp. 31-43, Pamplona.

McCALLION, M. *El libro de la voz.* Urano, Barcelona.

VILLAGAR, I. *Guía práctica para cantar.* Ma non troppo, Barcelona.

— *Guía práctica para cantar en un coro.* Ma non troppo, Barcelona.

Higiene vocal

CASADO, J. C., ADRIÁN, J. A. *La evaluación clínica de la voz. Fundamentos médicos y logopédicos.* Ediciones Aljibe, Málaga.

COBETA, I., F., NÚÑEZ, F., FERNÁNDEZ, S. *Patología de la voz.* Marge Médica Books, Barcelona.

QUIÑONES, M. C. *El cuidado de la voz. Ejercicios prácticos.* Editorial Escuela Española, Madrid.

SATALOFF, R. T. *Vocal Health and Pedagogy. Science and Assessment.* Plural Publishing Inc, San Diego (Estados Unidos).

TULON, C. *La voz. Técnica vocal para la rehabilitación de la voz en las disfonías funcionales.* Paidotribo, Barcelona.

AA. VV. *Voz profesional y artística. Particularidades del canto.* Formación Alcalá, Madrid.

Pedagogía

ATUNES, C. *Estimular las inteligencias múltiples.* Narcea, Madrid. *El cerebro de los niños explicado a los padres.* Plataforma Actual, Barcelona.

DESPINS, J. *La música y el cerebro.* Gedisa, Barcelona.

ELÍAS, M. J., TOBÍAS, S. E. y FRIEDLANDER B. S. *Educar con inteligencia emocional.* Debolsillo Clave, Barcelona.

GOLEMAN, D. *Focus. Desarrollar la atención para alcanzar la excelencia.* Ed. Kairós, Barcelona.

JAUSET, J. *Cerebro y música, una pareja saludable. Las claves de la neurociencia musical.* Editorial Círculo Rojo, Almería.

MORA, F. *Neuroeducación. Solo se puede aprender aquello que se ama.* Alianza Editorial, Madrid.
— *¿Es posible una cultura sin miedo?* Alianza Editorial, Madrid.

NOVAK, J. D. y GOWIN, D. B. *Aprendiendo a aprender.* Ed. Martínez Roca, Barcelona.

AA. VV. *Propuestas de intervención en el aula. Técnicas para lograr un clima favorable en clase.* Ed. Narcea, Madrid.

Oratoria y puesta en escena

ASLETT, D. *Cómo hablar en público y no parecer un idiota*. Temas de Hoy, Madrid.

BERCKHAN, B., KRAUSE, C. y RÖDER, U. *El arte de hablar en público. Cómo ganar respeto con serenidad*. RBA Integral, Barcelona.

BERNHARDT, S. *El arte del teatro*. Parsifal Ediciones, Barcelona.

BIRKENBIHL, M. *Formación de formadores. Manual práctico para educadores, profesores y directores de formación de personal en las empresas*. Paraninfo, Madrid.

CARNEGIE, D. *Cómo hablar bien en público e influir en los hombres de negocios*. Elipse, Barcelona.

CASAMAYOR, M. y SARRIAS M. *Cómo montar un espectáculo teatral*. Robinbook, Barcelona.

CESTER, A. *El miedo escénico. Ejercicios para músicos, actores y personas que deban enfrentarse a una audiencia*. Robinbook, Barcelona.

DALIA, G. *Cómo superar la ansiedad escénica en músicos*. Mundimúsica Ediciones, S. L. Madrid.

VV. AA. *Cómo hablar en público*. Biblioteca Deusto de Desarrollo Personal. Ed. Deusto, Bilbao.

VV. AA. *Cómo presentar con éxito nuestras ideas a los demás*. Biblioteca Deusto de Desarrollo Personal. Ed. Deusto, Bilbao.

VV. AA. *Los cinco primeros minutos: juzgar, hablar, ganar*. Biblioteca Deusto de Desarrollo Personal. Ed. Deusto, Bilbao.

D'ORNANO B. y BESSON, M. *Habla en público sin miedo*. Cuaderno de prácticas. Cuadernos de ejercicios de práctica empresarial. Malinka Libros, Barcelona.

FABER, A. y MAZLISH, E. *Cómo hablar para que sus hijos le escuchen y cómo escuchar para que sus hijos le hablen*. Ed. Medici, Barcelona.

FORNER, Á. *La comunicació no verbal*. Ed. Graó, Barcelona.

PALOMARES, J. M. *Hablar en público para dummies*. CEAC, Barcelona.

PEASE, A. *El lenguaje del cuerpo. Cómo leer el pensamiento de los otros a través de sus gestos*. Paidós, Barcelona.

STANISLAVSKI, C. *La construcción del personaje*. Alianza Editorial, Madrid.

STRONKS, D. *Teatro para el cambio en las organizaciones*. Ñaque, Ciudad Real.

STUART, C. *Técnicas básicas para hablar en público*. Ed. Deusto, Bilbao.

STUDER, J. *Oratoria. El arte de hablar, disertar, convencer*. El Drac, Madrid.

TCHEY, M. *Arqueros de la palabra. El arte de comunicar*. Pirámide, Madrid.

VALLEJO-NÁJERA, J. A. *Aprende a hablar en público hoy. Cómo cautivar y convencer por medio de la palabra*. Círculo de Lectores, Barcelona.

VICENTE, A. *Manual del actor. Conozca los grandes cimientos de la preparación actoral.* Ma non troppo, Barcelona.